ALLGÄUER ALPEN

Wandererlebnis
Wege · Hütten · Orte

KOMPASS
Wanderbücher

5.A Auflage 1995

Wegbeschreibungen und Begehungen: Emmi Wirth
Geologie: Dr. Ingrid Fleischmann-Niederbacher
Redaktion: KOMPASS-Verlag, Innsbruck

Titelbild: Oberstdorf (Kurverwaltung Oberstdorf)
Innentitel: Blick auf die Hörner (W. Allgöwer)

Bildnachweis:
W. Allgöwer S. 25, S. 64/65; Fremdenverkehrsverband Kleinwalsertal S. 38/39, S. 42, S. 47; Kurverwaltung Oberstdorf S. 15, S. 29, S. 35; L. Mallaun S. 21, S. 74; Dr. H. Teutsch S. 49, S. 53, S. 67, S. 91, S. 101; I. Wandmacher S. 12, S. 80/81; E. Wirth S. 6, S. 18, S. 55, S. 59, S. 73, S. 85, S. 103, S. 113.

ISBN 3-87051-402-7
Verlagsnummer 925

Da die Angaben eines Wanderführers in der heute so schnellebigen Zeit fast ständig Veränderungen unterworfen sind, kann für die Richtigkeit keine absolute Gewähr übernommen werden. Auch lehrt die Erfahrung, daß Irrtümer nie ganz zu vermeiden sind. Für Berichtigungen und Verbesserungsvorschläge ist die Redaktion daher stets dankbar. Korrekturhinweise bitte an folgende Anschrift:
Heinz Fleischmann GmbH & Co., Nymphenburger Straße 47, D-80335 München.

Wir danken der Kurverwaltung Oberstdorf und dem Fremdenverkehrsverband Kleinwalsertal für die freundliche Beratung und Bereitstellung von Diamaterial.

Vorwort

In einer Zeit, in der Erholung und Entspannung zu Recht große Bedeutung beigemessen werden, zieht es den Menschen hinaus in die Natur, um bei Freizeitaktivitäten den Alltagsstreß zu vergessen. Naturbelassene Landschaft und eine saubere Umwelt werden auch in Zukunft immer mehr an Bedeutung gewinnen. – Wenn zudem noch die Ausflugsziele derart beschaffen sind, daß sie eine reiche Auswahl an Erholungsmöglichkeiten und Freizeiterlebnissen bieten, dann wird der Urlaubsgast und Besucher immer wieder an diese Orte zurückkehren.

In dieser Hinsicht ist das Allgäu besonders reich gesegnet. Breitachklamm, Sturmannshöhle, alte Bauernhöfe in Gerstruben, Starzlachklamm, gut geführte Heimatmuseen, Ruinen, Schlösser, Hammerschmieden, Kapellen und Kirchen zählen zu den bevorzugten Ausflugszielen.

Die Anziehungskraft, die das Gebirge auf den Erholungsuchenden und Aktivurlauber ausübt, machte Oberstdorf schon vor über 100 Jahren zu einem gern besuchten Ziel, das zu allen Jahreszeiten den Ansprüchen des Gastes nachzukommen vermag. Immer wieder ist es ein Erlebnis, sich von Norden über Immenstadt und Sonthofen den Allgäuer Alpen zu nähern, sei es, daß man durch das Ostrachtal (Hindelang), über Oberstdorf (Oy-, Gerstruben-, Trettach- und Stillachtal) oder durch das Kleinwalsertal das mächtig aufragende Kalkgebirge als Ziel seiner Wanderungen und Bergtouren anstrebt. Im besonderen sind es für den Hochtouristen die »interessanten« Gipfel, wie Hochvogel, Mädelegabel, Schneck, Biberkopf, Trettach oder die Höfats. Auch der Mindelheimer- und Hindelanger Klettersteig erfreuen sich in Bergsteigerkreisen zunehmender Beliebtheit. Besonders an Familien und den Bergsteiger richtet sich das reiche Angebot an Aufstiegshilfen, die hochgelegene Ziele zeitsparend erreichbar machen.

Das vorliegende Wanderbuch berücksichtigt gleichermaßen die Vorliebe der Spaziergänger, Talwanderer, den Benützer der Seilbahnen und Sessellifte, wie auch den geübten Hochtouristen und »Hüttenbummler«. Unter den 70 ausgewählten Wanderungen und Bergtouren zwischen dem Alpenvorland, der Nagelfluhkette, Oberjoch, Hörnergruppe, Kleinwalsertal und Allgäuer Alpen findet der Benutzer ein weitgefächertes Angebot an Tourenvorschlägen. Möge sich das KOMPASS-Wanderbuch, das Sie in Händen halten, als ein verläßlicher Begleiter auf Ihren Unternehmungen erweisen!

Michael Schmidl
Kurdirektor
Kurverwaltung Oberstdorf

Inhaltsverzeichnis

Allgäuer Alpen

Das vorliegende KOMPASS-Wanderbuch »Allgäuer Alpen« zeigt den mittleren und südlichen Teil der Allgäuer Alpen, den berühmten Sommer- und Winterkurort Oberstdorf sowie das auf österreichischem Territorium liegende Kleinwalsertal, das bislang nur vom Allgäu aus verkehrstechnisch erschlossen ist. Bei Riezlern zweigt nach Westen das einsame Schwarzwassertal ab, an dessen nördlicher Begrenzung der Hohe Ifen den Grenzstein zum Bregenzerwald darstellt. Vom Hohen Ifen, 2.230 m, bietet sich dem Betrachter die öde Karstlandschaft des Gottesackerplateaus. Wendet man sich weiter nach Norden, so fällt einem das Rohrmoostal auf, ein einsames Tal, fern jeglichen Autoverkehrs, in dem man an einem Oktobertag nicht selten das Röhren der Hirsche vernehmen kann. Von Fischen führt über Obermaiselstein, hoch über dem Schönenberger Achtal eine gute Straße über den Riedbergpaß, welche die Verbindung zum Balderschwanger Tal darstellt. Von Oberstdorf führen das Oytal, Trettachtal und das langgestreckte Stillachtal mit seiner Fortsetzung, dem Rappenalpental, direkt zu den Alpen und Berghütten der Allgäuer Alpen. In einem gewaltigen Bogen bilden die Hauptgipfel, Geißhorn, 2.249 m, Hochvogel, 2.593 m, Großer Krottenkopf, 2.657 m, Mädelegabel, 2.645 m, Hohes Licht, 2.651 m, und Biberkopf, 2.599 m, den »Allgäuer Hauptkamm«. Von diesem zweigen im Norden die »Nebelhorn-Daumen-Gruppe« und weiter südlich nach Osten die »Hornbachkette« ab. Im Westen schließen die Berge um das Kleine Walsertal mit dem Widderstein, 2.533 m, und dem Hohen Ifen, 2.230 m, an den Hauptkamm an. Im Norden folgen, westlich der Iller, die Flyschberge um das Riedberger Horn, 1.786 m, und noch weiter im Norden schließt die Nagelfluhkette das Gebirge ab.
Die höchste Erhebung der Allgäuer Alpen, der Krottenkopf, 2.657 m, liegt zwar ganz auf österreichischem Gebiet, doch kann man bequem von Oberstdorf über die Spielmannsau und Kemptner Hütte diesen großartigen Aussichtsberg in einer lohnenden Zweitagestour besteigen. An Schönheit und bestechender Aussicht gemessen, kann man auch beim besten Willen keine Klassifizierung der Gipfel der Allgäuer Alpen angeben, denn jeder bezwungene Gipfel stellt immer aufs neue ein einzigartiges Erlebnis dar, das man in der persönlichen Erfahrung nicht missen möchte. Um Besuchern jeder Altersklasse das Bergerlebnis nahe zu bringen, ladet eine Anzahl Bergbahnen um Oberstdorf und im Kleinwalsertal zu einer Gipfelfahrt ein.

Siedlungsgeschichte

Die Siedlungsgeschichte reicht bis in vorgeschichtliche Zeiten zurück, als Jäger und Sammler hier ihrem Lebensunterhalt nachgingen. Sowohl Räter als auch Kelten suchten nach beweidbaren Plätzen für ihr Vieh und fanden solche, wie der Fund einer bronzenen Glocke unterhalb des Nebelhorns zeigt. Um Christi Geburt unterwarfen sich die Römer den Landstrich, bis die Alemannen um 500 nach Christus, von

◂ *Wildental mit Gottesacker*

Norden kommend, die Römer vertrieben. Das alemannische Element ist auch heute noch in der Sprache der Ortsansässigen anzutreffen. Um 800 wird Albigowe = Alpgau das erste Mal urkundlich erwähnt. Während des 7. und 8. Jahrhunderts setzte die Christianisierung von St. Gallen und Füssen ein. Von etwa 900 bis 1268 regierten schwäbische Herzöge das Land, deren Sitz in Hohenschwangau war. In diese Zeit und bis ins 16. Jahrhundert fallen auch die großangelegten Rodungsarbeiten, an die heute noch die Namen Reute, Schwand oder Schwende erinnern. Sowohl von Oberstdorf als auch vom Lechtal und dem Walsertal wurde die Brandrodung vorangetrieben und Hand in Hand damit auch die ersten Dauersiedlungen gegründet. Auf diese Pionierarbeit bauten in der Folgezeit die Siedler aus dem Allgäu auf, die bis zum Tannberg rodeten.
Oberstdorf wurde 1525 vom Bauernkrieg und 1605 bis 1608 vom Aufstand gegen die starke finanzielle Belastung Seitens des Augsburger Bischofs heimgesucht. Während dieser Zeit gab es nur zwei unbezwungene Burgen im Allgäu: Hohenfreiberg und Rothenfels. Der Dreißigjährige Krieg führte die Schweden bis nach Oberstdorf, und obwohl kaum Menschenleben zu beklagen waren, so wurden doch Viehherden, Rinder und Pferde in Beschlag genommen, und die Hungersnot war groß, wie die Chronik berichtet. So geschwächt starben etwa 800 Menschen an der 1635 wütenden Pest. Nach einer langen Periode des Friedens und des Wohlstands aufgrund der gewährten Steuererleichterungen, brachten die Napoleonischen Kriege mit der allgemeinen Wehrpflicht wieder unruhevolle Zeiten. Beim Kampf gegen die Franzosen schlossen sich die Oberstdorfer den Horden des Tirolers Andreas Hofer an, um Widerstand gegen die Weltmacht zu leisten. An das Jahr 1865 erinnert im besonderen die Oberstdorfer Chronik, als fast alle alten Bürgerhäuser einem Großbrand zum Opfer fielen, der zwei Drittel des Dorfes einäscherte. Nach dem Zweiten Weltkrieg entwickelte sich Oberstdorf rasch zu einem internationalen Kur- und Badeort.

Geologie

Das Illertal und das Kleinwalsertal geben Einblicke in den Bau des Alpennordrandes, vom Hochgebirge der Nördlichen Kalkalpen über Flyschzone und Helvetikum, bis in das hügelige Alpenvorland der Molassezone. Diese vier Einheiten liegen stockwerkartig übereinander, wobei die Nördlichen Kalkalpen (Oberostalpin) im Süden die höchste Position einnehmen.
Die bekanntesten Gipfel der Allgäuer Alpen, wie Mädelegabel und Hochvogel, bestehen aus dem weit verbreiteten Hauptdolomit, einem Lagunensediment der Triaszeit (Erdmittelalter). Seine schroffen Felswände bilden einen starken Kontrast zu den grasbewachsenen Jura- und Kreidehängen, die, in langgestreckte Muldenzonen eingebettet, von der Erosion verschont blieben, so z. B. die Holzgau-Lermooser Mulde. Blickt man von Einödsbach nach Süden, sieht man diesen gesteinsmäßigen Gegensatz besonders eindrucksvoll. Das scharfe Ne-

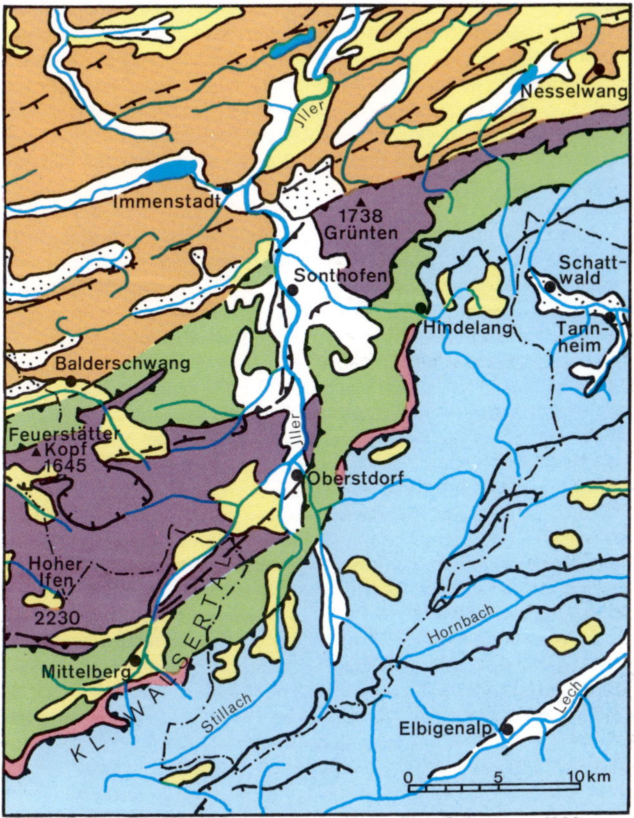

Kartengrundlage: Geologische Karte von Tirol, R. Brandner, 1980

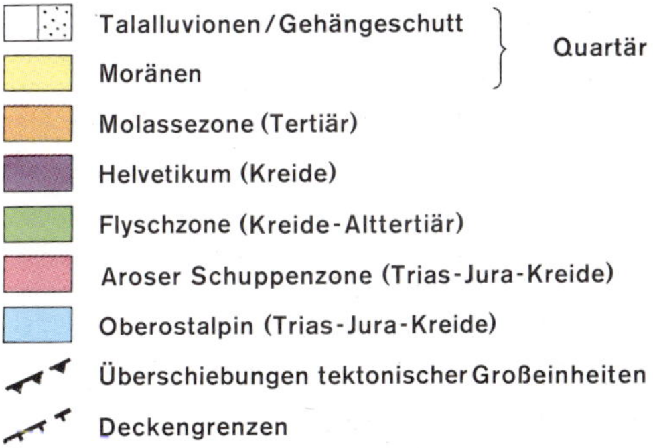

beneinander wird durch eine bedeutende Überschiebungsfläche hervorgerufen, die innerhalb der Nördlichen Kalkalpen die tektonisch höhere Lechtal-Decke von der unterlagernden Allgäu-Decke trennt. Im Hornbachtal und in der Umgebung von Tannheim hat sich die Erosion durch die Lechtal-Decke geschnitten und den Untergrund (Allgäu-Decke) fensterartig freigelegt. An solchen Stellen kann man ablesen, daß die Überschiebungsweiten der Decken einige Zehner Kilometer betragen haben müssen.
An der Basis der Kalkalpenüberschiebung finden sich, als eine Art »Reibungsteppich«, Gesteine der Aroser Schuppenzone, die in der Schweiz größere Verbreitung haben. Der vielfältige Gesteinsbestand umfaßt neben Sedimenten der Trias- bis Kreidezeit auch Vulkanite des Jura. Von einer Kehre der Oberjoch-Paßstraße aus kann man im Bacheinschnitt z. B. die Strukturen von Kissenlava erkennen.
Die nördlich anschließende Flyschzone besteht aus Tiefseesedimenten der Kreide- bis Alttertiärzeit. Diese lebhafte Wechsellagerung von Sanden, Tonschiefern und Mergeln entstand zumeist durch untermeerische Trübeströme (Turbidite). Die Flyschzone hat das Helvetikum weit überschoben und wurde durch die Erosion in eine nördliche und südliche Flyschzone geteilt.
Das darunterliegende Helvetikum gehört einer Zone an, die in der Schweiz weit verbreitet ist. Ihre Sedimente entstanden zu gleicher Zeit wie der Flysch, jedoch überwiegend unter Flachwasserbedingungen. Die kalkigen Schichtglieder wie der Schrattenkalk u. ä. zeichnen den lebhaften Faltenbau, der durch die Gebirgsbildung hervorgerufen wurde, eindrucksvoll nach. Die bekannten Aussichtsberge wie Hoher Ifen und Grünten gehören dieser geologischen Zone an.
Helvetikum, Flyschzone und Nördliche Kalkalpen haben im Zuge der Auffaltung der Alpen die Molassezone weit überfahren. Die Bohrung Hindelang 1, die Ende 1984 begonnen wurde, soll diese übereinander geschobenen Deckenstapel durchbohren und den tieferen Untergrund erkunden.
Der Meerestrog der Molasse, der den Alpennordrand begleitete, wurde mit dem Abtragungsschutt (vorwiegend Konglomerate, Sandsteine, Tone und Mergel) des aufsteigenden Alpenkörpers aufgefüllt. Durch geotektonische Ereignisse wurde dieser Meeresraum zweimal vom offenen Ozean abgeschnürt (untere und obere Süßwassermolasse). Der unmittelbar an den Alpenrand grenzende Teil der Molasse wurde durch den Anschub von Süden intensiv geschuppt und verfaltet (Faltenmolasse), während die nördlich anschließende Vorlandsmolasse davon weitgehend unbeeinflußt blieb.
Die Deckenüberschiebungen und Verfaltungen haben bewirkt, daß die ursprüngliche Ausdehnung der Nord-Süd erstreckten Ablagerungsräume heute auf weniger als die Hälfte reduziert wurden.
Moränenablagerungen und Staubecken-Tone sind Zeugnisse der Eiszeiten aus jüngster geologischer Vergangenheit. Die Schürftätigkeit der Alpengletscher führte zur Bildung von weit ausladenden U-Tälern mit moränenbedeckten Talschultern, wie z. B. das Kleinwalsertal.

Morphologie

Wie bereits erwähnt, haben das Wasser und vor allem die Gletscher der Eiszeit bei der Formung und Gestaltung des Gebirges einen wesentlichen Anteil gehabt: Aus den keilförmigen V-Tälern hobelten die Gletschermassen weite U-Täler, in denen nach dem Rückzug des Eises Schwemmebenen, Moore und mäandrierende Flüsse und Bäche zurückblieben. So erkennt man in dem Oberstdorfer Becken mühelos eine nacheiszeitliche Seelandschaft, die allmählich verlandete. Dieser nacheiszeitliche See hatte eine Länge von mehreren Kilometern, bis nach Langenwang, wo sich die Iller ein neues Flußbett suchte. Auch die Breitach erodierte nach Verschwinden des Sees und suchte sich den heutigen Verlauf. War sie früher über das heute eigenartige Trockental des Hirschsprungs geflossen, so vereinigt sie sich heute mit der Trettach und dem Grundbach nördlich von Oberstdorf zur Iller. Besonders dem Wanderer fallen die vielfach steilen Stufentäler auf, die ein Relikt der Eiszeit sind. Die weniger starken Gletscher der Seitentäler mündeten in einem höheren Niveau in den Hauptgletscherstrom ein, sodaß über eine Stufe der nacheiszeitliche Gletscherbach ins Haupttal stürzte. Im Lauf der Jahrtausende erodierte der Bach rückschreitend in das Seitental bergwärts, wodurch die in den Allgäuer Alpen hinreichend bekannten Tobel entstanden, wie der Faltenbach-, Geißbach-, Höll-, Mutzen-, Körber- oder Geißalptobel.
An größeren Seen ist nur der Alpsee bei Immenstadt und der Niedersonthofner See von Interesse. Zahlreich dagegen sind die kleinen Seen in den Mulden der Hochkare. Weit oberhalb des Talnetzes findet man in einsamen Karen die Edelsteine der Allgäuer Gebirgswelt: Bergseen, wie den Geißalpsee, den Seealpsee, Engeratsgundsee, um nur die größten aus den etwa 50 Allgäuer Bergseen zu erwähnen. Sie sind Rest-Seen aus vergangenen Gletscherzeiten, die sich in den Allgäuer Alpen weitgehend zurückgezogen haben. An den Schattseiten finden wir noch Reste von Lawinenschnee, die sich nach schneereichen Wintern in kleine Firnfelder verwandeln (Bacher Loch – Kalter Winkel am Hochvogel – Schwarzmilzferner und andererorts).

Flora

Eng mit der Geologie sind die Wachstumsbedingungen der Alpenflora verknüpft. Auf dem kieselsäurereichen Boden der Hornstein- und Aptychenkalke wächst naturgemäß eine anders geartete Pflanzengesellschaft als auf den humusreichen Wiesen der Mergel- und Flyschzone. So wachsen am kieselsäurereichen Boden die Bergerlen, wohingegen auf den Lias- und Flyschbergen die Rostblättrige Alpenrose anzutreffen ist. Noch hoch über dem Weideland findet man an kargen Standorten Polsterpflanzen. Nur dort, wo der Hauptdolomit als Gesteinsbildner in der Weideregion auftritt, findet man die wenigen Latschen (Legföhre) der Allgäuer Alpen. Auch das Weidegebiet hat seine eigene Flora hervorgebracht: die Allgäuer Lägerflora, die aus der Pflanzengesell-

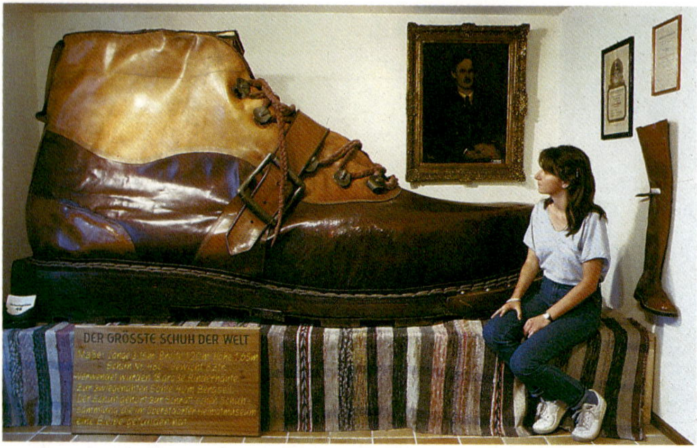

Weltgrößter Schuh im Heimatmuseum Oberstdorf

schaft des Eisenhuts, Kreuzkraut und Brennessel besteht und auf die Weidewirtschaft und die überdüngten Wiesen zurückzuführen ist.
Im Wandel der Jahreszeiten kann man das wechselnde Farbenspiel der Blütenpracht beobachten: Soldanellen, Schlüsselblumen, Lichtnelken, Storchschnabel, Mehlprimeln, Stengelloser und Gelber Enzian, Edelweiß, Trollblumen, Knabenkraut, Gelber Bocksbart, Glockenblumen und viele Orchideenarten. In den tieferen Regionen ist der Mischwald vertreten (die Waldgrenze verläuft etwa in 1.600 Metern) und setzt sich aus Bergahorn, Eibe, Fichte, Rotbuche, Vogelbeerbaum und vereinzelt Weißtannen zusammen. Um auch den uns folgenden Generationen die Blütenpracht der Gebirgswelt zu bewahren, stehen im Naturschutzgebiet um Oberstdorf alle Lilienarten unter **strengstem Naturschutz.** Dazu kommen die Alpenanemonen, Akelei, Seidelbast, Primeln, Aurikel, Enzian, Alpenrosen, Arnika, Edelweiß und Edelraute. Als Besonderheit muß unter der Pflanzenwelt des Allgäus noch der älteste Baum Deutschlands erwähnt werden, die etwa 2.000 Jahre alte Eibe bei der Talstation der Materialseilbahn zum Prinz-Luitpold-Haus.

Fauna

Wie in jeder Gebirgsgegend trifft man auch hier viel Rotwild an; in der steinigen Felsregion begegnet man oft dem Gamswild, das in Rudeln von bis zu 100 Stück graziös die steilsten Hänge überquert und sich in einem steinigen Kar um den Bock schart. Oft wird der Wanderer den schrillen Warnpfiff des Murmeltiers hören, seltener wird er aber den frechen Gesellen zu Gesicht bekommen. Wohl zum schönsten Bergerlebnis gehört es, einen Steinadler bei seinem unermüdlichen flügelschlaglosen Gleiten zu verfolgen und wer Glück hat, kann sogar eines der wenigen heimischen Paare, die im Allgäu und in den nahen Lechtaler Alpen nisten, zu Gesicht bekommen.

Allgäuer Alpen - ein Ziel zu jeder Jahreszeit

Im Frühjahr stehen die zahlreichen Seilbahnen dem Sonnenhungrigen und Buckelpistenfahrer zur Verfügung, in den Karen tummeln sich die Freunde des Firngleitens, im Sommer sind es die Hochalpinisten, die den Allgäuer Höhenweg begehen und die zahlreichen Talwanderer, die die Gebirgskulissen vom Stellwagen aus bestaunen. Im Herbst wieder genießt man das Nebeneinander von Farbenpracht, die sonnigen Talweitungen und die einladenden Terrassen der gutgeführten Hotelerie. Mehrfach stehen sportliche Ereignisse am Programm der Fremdenverkehrsorte. So finden nicht nur Bewunderer der Landschaft lohnende Ziele wie Klammen, Alpen, Gipfel, Grate und Gebirgsbäche, sondern auch der Fotofreund, der Blumenliebhaber, der Stille und Einsamkeit Suchende, sowie Familien gleichermaßen wie Senioren das, wonach sie in ihrer Freizeit suchen. Gepaart mit der allerorts anzutreffenden freundlichen Bewirtung wird das Oberallgäu ein Erlebnis, an das man sich gern zurückerinnert. Und noch eines sei den Vorteilen der Landschaft zugezählt:

Besonders aufgrund seiner Höhenlage bietet das Kleinwalsertal gegenüber anderen Urlaubsorten klimatische Vorteile. Vor allem ist der Nebel, der das Alpenvorland während des Herbstes meist monatelang bedeckt, hier vollkommen unbekannt. Eher spürt man die leichte Talwindzirkulation, die am frühen Nachmittag einsetzt und die man an einem warmen Herbsttag oder beim Bergsteigen eher als angenehm empfindet. Klare Luft, starke Höhenstrahlung und kräftige Tageserwärmung sind die vorteilhaften Eigenschaften, die dem Urlauber im Herbst zugute kommen und zum Faulenzen auf den warmen Bergwiesen oder an wettergebräunten Almhütten verleiten.

– Ein anderes Gesicht zeigt der Winter, der in den umliegenden Skigebieten Schneesicherheit verspricht. Im Staubereich der Allgäuer Alpen sind die Schneefälle meist ergiebig und garantieren das weiße Pistenvergnügen vom Dezember bis Mitte April.

– Während der Schneeschmelze und des relativ kurzen Frühjahrs beeindruckt immer wieder aufs neue das Erwachen der Pflanzenwelt, besonders, wenn man Anfang Juni von den bereits saftigen Talwiesen und der Sommervegetation, gleichsam rückschreitend im Wechsel der Jahreszeiten, zum Walmdinger Horn aufsteigt und dort an den letzten Schneeflecken die Soldanellen blühen sieht.

– Der Sommer wird jährlich von manchem Kaltlufteinbruch unterbrochen, der sich bis in die Tallagen mit Schnee auswirken kann. Daher sollte der Bergsteiger, um für einen Wettersturz gewappnet zu sein, immer warme Kleidung im Rucksack haben und vor allem den Wetterbericht beachten. Von der langjährigen durchschnittlichen Sonnenscheindauer von jährlich 1.550 Stunden, einem für diese Breite relativ hohen Wert, fallen allerdings fast ein Drittel auf die Herbstmonate, die somit durch ihre Stabilität der Wetterlagen die günstigste aller Jahreszeiten zum Urlaubmachen ist.

Allgemeine Tips für Wanderungen und Bergtouren

Es ist sicherlich nicht Aufgabe eines Wanderbuches, einen vollständigen Katalog der **Bergausrüstung** aufzustellen, denn jeder einzelne wird aus Erfahrung wissen, wieviele Pullover er als Kälteschutz benötigt oder wieviel Gepäck er in seinem Rucksack unterzubringen versteht. Die Beschaffenheit der Allgäuer Alpen bringt es mit sich, daß die Routen, die oftmals durch steiles Felsengelände gehen, vernünftiges Schuhwerk erfordern. Halbschuhe, Sandalen oder zu leichte Wanderschuhe geben im Fels oder auf feuchten Wiesen keinen Halt und gefährden zusätzlich unsere Begleiter. In extremen Fällen, etwa im Frühjahr bei Firn, beim Queren von Altschneerinnen oder bei steilen Wiesen, leistet ein **Pickel** unschätzbare Dienste, genauso wie ein kurzes Bergseil, das dem Bergunerfahrenen und Kindern, richtig gehandhabt, neben psychologischer auch tatsächliche Hilfe bietet. Ein guter Anorak oder ein Schirm sind bei einem Regenguß sicherlich wertvoll. Die **Wanderapotheke** wird hoffentlich ungebraucht im Rucksack bleiben, doch bei Abschürfungen sind eine desinfiziernde Salbe und ein Hansaplast gewiß willkommen, wie auch ein paar Sicherheitsnadeln, falls der Hosenstoff beim Abstieg leiden sollte. Gegen die starke Sonnenstrahlung schützen am besten eine Kopfbedeckung, eine Sonnenbrille und ein Sonnenschutzmittel. – Getränke nicht vergessen!

Bei Unfällen ist die nächste Bergrettungsstelle zu verständigen. Ist direkte Hilfeanforderung unmöglich, kann durch das **alpine Notsignal** Hilfe herbeigeholt werden. **Hilfeanforderung:** 6 Signale pro Minute in Abständen von je 10 Sekunden, eine Minute Pause, wieder 6 Signale usw. **Antwort:** 3 Signale in einer Minute in Abständen von je 20 Sekunden, eine Minute Pause, dann wieder 3 Signale usw.

Die **Schwierigkeitseinteilung** leicht – mittel – schwer richtet sich **nicht** nach der UIAA-Skala (von leicht bis äußerst schwierig), sondern wurde unter dem Gesichtspunkt der für einen durchschnittlichen Wanderer zu überwindenden Höhenmeter, der Schwierigkeit des Weges und der Einkehr- und Rastpunkte ausgewählt. Die Schwierigkeit und der angegebene Zeitaufwand stellen unverbindliche Empfehlungen dar, – sie können je nach Witterungseinflüssen und Geländeverhältnissen von den angegebenen Werten mehr oder weniger abweichen.

Kennzeichnung der Schwierigkeit:

● Leichte Wanderung, auch für Kinder
● mittelschwere Wanderung
● schwere Wanderung, nur für schwindelfreie Geübte!

Zeichenerklärung zu den Tourenprofilen:

Gasthaus, Unterkunftshaus
Aussichtspunkt, Rundblick
unbewirtschaftete Hütte, Unterstandsmöglichkeit
Sessellift
Seilbahn

Oberstdorf/Nebelhorn ▶

Oberstdorf – Allgäuer Alpen

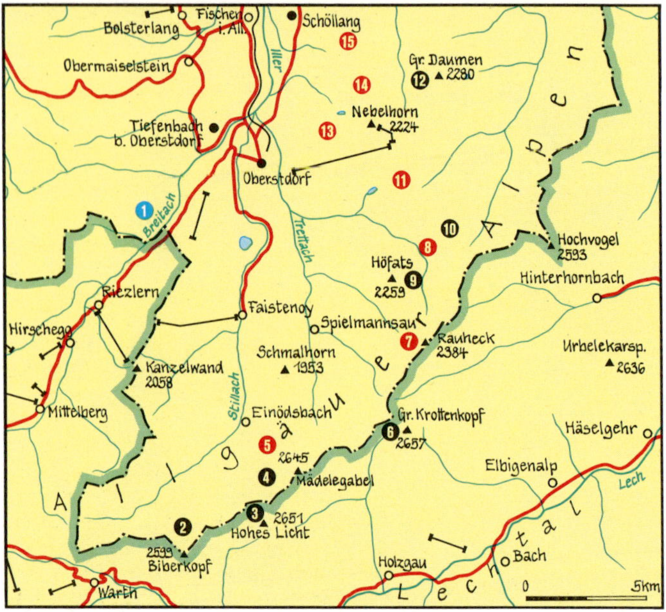

● Fremdenverkehrsverband, Verkehrsverein — Straße — Eisenbahn — Staatsgrenze — 7 Lage der beschriebenen Wanderwege

Ortsbeschreibungen:

OBERSTDORF

Gde., Regierungsbezirk Schwaben, mit den Orten Tiefenbach, Kornau, Schöllang, Rubi und Reichenbach. Einwohner: 11.400. Höhe: 814 m, Postltz.: D-87561. **Auskunft:** Verkehrsamt Oberstdorf. **Bahnstation:** im Ort. Busverbindung mit Hindelang und Sonthofen.

Als südlichster Ort Deutschlands ist Oberstdorf das »oberste Dorf« im Allgäu. Aus dem Gebirgskamm, der sich bis über 2.600 Meter im Süden von Oberstdorf erhebt, entspringen die Flüsse Trettach, Stillach und Breitach (letztere ist durch die weltberühmte Breitachklamm bekannt – siehe Tourentip Wanderung 1), die sich nördlich von Oberstdorf zur Iller zusammenfinden.
Durch die Abgeschiedenheit konnten sich im Ort viele alte Volksbräuche und Gepflogenheiten über Jahrhunderte hindurch bewahren. Dazu gehört die Gassenkuhherde, die täglich während des Sommers durch die Straßen Oberstdorfs zur Weide geführt wird, und dem Kurort den wenig schmeichelhaften Namen »Kuhdorf« eingebracht hat, mit dem sogar Fremdenverkehrswerbung gemacht wird.

Die heutigen Bauten Oberstdorfs haben aber mit der gewachsenen Ortschaft nur wenig gemeinsam. Den erschütterndsten Schlag in seiner jahrhundertealten Geschichte (Oberstdorf dürfte im 7. nachchristlichen Jahrhundert von Schwaben gegründet worden sein) erlitt die Ortschaft am 6. Mai 1865, als eine gewaltige Feuersbrunst den Großteil der alten Bürgerhäuser zerstörte. An ihre Stelle traten die heutigen Hotelbauten, die dank ihres guten Rufes während der Sommersaison meist ausgebucht sind und dem Besucher viele Annehmlichkeiten bieten. Der Weiterentwicklung als Kurort gesellt sich der begründete Ruf als Fremdenverkehrsort hinzu, nicht zuletzt wegen der berühmten Bergbahnen, die im 20. Jahrhundert als wahre technische Meisterleistungen entstanden sind. Seit 1888 existiert die Eisenbahnlinie von Immenstadt nach Oberstdorf, der auch zu einem nicht geringen Maß die stetige Steigerung der Nächtigungen zu verdanken ist. Vom Jahre 1875 an, als jährlich etwa 630 Personen Oberstdorf besuchten, sind es heute über 100.000 geworden, die dem berechtigten guten Ruf der Bergstadt gefolgt sind. Damit parallel stieg auch die Besucherzahl des Nebelhorns von 1930 (43.000) bis heute (mehr als 500.000 jährlich). Trotz oder vielleicht gerade wegen des Fremdenverkehrs hat sich das traditionsreiche Brauchtum bis heute gut erhalten: vom Alpler mit der Schalmei beim Kuhtrieb, bis zur Volkstracht, den Heimatabenden und Volksbühnen. Besonders erwähnenswert ist der älteste deutsche Kulttanz, der »Wildemännletanz«, der aus frühen heidnischen Bräuchen entwickelt, auch heute noch alle 5 Jahre zur Aufführung gelangt.
Zahlreiche Spazier- und Wanderwege um Oberstdorf weisen eine spezielle Markierung auf: rot: Kurwege bis 900 Meter Seehöhe; schwarz: Wanderwege bis 1.100 Meter Seehöhe; blau: Wanderwege über 1.100 Meter Seehöhe.

Sehenswert
Heimatmuseum, Oststraße 13 (Montag geschlossen), Brauchtum, Gertrud von le Fort-Ausstellung. – **Eisstadion** (ganzjährig Eislaufbetrieb). – Heini-Klopfer-**Skisprungschanze.** – **Bergbahnen.** – Katholische **Pfarrkirche,** 1866–1870 anstelle der 1865 abgebrannten Barockkirche erbaut, mit Gemälden der Brüder Schraudolph. An der Außenseite die 1962 von Schwink gemalte 7 Meter hohe Darstellung Christi, Mariens und Johannes. – **Lorettokapellen** (Wallfahrtskapellen), **Seelenkapelle** mit spätgotischer Ölbergdarstellung (1450), die seit 1918 als Kriegergedächtniskapelle an die Gefallenen der Weltkriege mahnt. – Evangelische **Christuskirche,** 1905 erbaut, seit 1942 eigene Pfarrei. – **Bronzedenkmal** des Prinzregenten Luitpold, der fast jährlich seine Jagdwochen in Oberstdorf verbrachte. – **Reptilienzoo** im Fuggerpark. – **Breitachklamm:** Von Oberstdorf gelangt man mit dem Pkw in wenigen Minuten bis zum großen Parkplatz beim Gasthof Breitachklamm oder zum oberen Eingang beim Grenzgasthof Walserschanze (auch Busverbindung). Die Wanderung durch die wildromantische Klamm dauert etwa 45 Minuten, sodaß eine Rundwanderung um den **Freibergsee** angeschlossen werden kann.

Kleinwalsertaler Tracht

Der Pfarrherr von Tiefenbach, J. Schiebel, gab 1905 die Anregung zur Erschließung der **Breitachklamm.** Seither sind freilich die Weganlagen oftmals erneuert worden, da bei heftigen Regenfällen die Wege bis zu

4 Meter hoch überschwemmt werden, wenn der reißende Wildbach um 16(!) Meter steigen kann und Felsblöcke, Baumstämme und Geröll durch die Klamm schwemmt. Doch dies ist zum Glück nicht die Regel. Jeder Besucher erkennt in der vom donnernden Bach durchtosten Klamm die Gewalt der Erosionstätigkeit des Wassers, das sich seit der Eiszeit nahezu 100 Meter tief in den Schrattenkalk eingefräst hat. Ein mächtiger Wasserfall wurde erst 1926 durch Hochwasser beseitigt, und 1956 hat ein Felssturz der bewundernswerten Klamm zu einem neuen Schaustück verholfen: einen 300 Meter langen Stausee. Wie still und majestätisch hingegen begegnet einem die Breitachklamm im Winter, wenn gleichsam in einem Eispalast die starren kristallenen Säulen den Weg umgeben und Eiszapfen von mehreren Metern Dicke das winterliche Antlitz der Klamm zeigen. Zurecht bezeichnete der Geologe Dietmann diese Schlucht als interessanteste Klamm Mitteleuropas.

SCHÖLLANG

Gde. Oberstdorf, Ldkr. Oberallgäu, **Einw.:** 1.260, Höhe: 854 m, Postltz.: D-87561. **Auskunft:** Verkehrsamt Schöllang. **Bahnstation:** Fischen (6 km) oder Oberstdorf (6 km). Busverbindung mit Oberstdorf und Sonthofen.

Schöllang ist ein Luftkurort am Fuße der Nebelhorngruppe und ist mit seinen Nachbarorten Rubi, Reichenbach und Au-Thalhofen reizend über dem Illertal gelegen. Nur eine Gehstunde von Oberstdorf entfernt hat man die Möglichkeit, alle Wanderungen, Bergtouren und Skimöglichkeiten mit dem berühmten Kurort gemeinsam zu nützen. Schon im Jahre 1361 wird Schöllang urkundlich erwähnt. Die Schöllanger Burg lag auf einem isolierten Bergkegel, 2 km südlich des Ortes. Der Platz diente schon in grauer Vorzeit als Kultstätte. Später wurde hier eine christliche Kapelle dem Hl. Michael geweiht. Was aber diese Stätte heute so überaus sehenswert macht, ist der Bergfriedhof, dessen idyllische Lage und Ruhe, weit ab von der Unrast des Alltags und Verkehrs, ein prächtiges Bild der Beschaulichkeit geben. Die Fernsicht zu den Oberstdorfer Bergriesen gibt der Landschaft ihre besondere Note.

TIEFENBACH BEI OBERSTDORF

Gde. Oberstdorf, Ldkr. Oberallgäu, Einw.: 100, Höhe 887 m, Postltz.: D-87561. **Auskunft:** Verkehrsamt Tiefenbach. **Bahnstation:** Oberstdorf (4 km). Busverbindung mit Oberstdorf.

Der Luftkurort und Wintersportplatz liegt sehr hübsch am Südhang des Ochsenberges, 1.179 m, am Rande des Oberstdorfer Talkessels. Tiefenbach bietet Sonne und beschauliche Ruhe, zugleich aber dieselben Ausflugsmöglichkeiten und das Angebot der Bergbahnen und Skilifte wie Oberstdorf.

Sehenswert

Die 2 km südlich des Ortes gelegene **Breitachklamm,** eindrucksvolle, 60 m tiefe Felsschlucht der Breitach, die hier aus dem Kleinwalsertal in den Oberstdorfer Talkessel durchbricht. – Die **Sturmannshöhle,** 2 km nördlich der Ortschaft mit Weganlage und unterirdischem See. – Die **Kapelle in Rohrmoos,** eine der ältesten hölzernen Kapellen Deutschlands.

1 **Wanderung:** Oberstdorf – Breitachklamm – Walserschanz

Ausgangspunkt: Oberstdorf
Parken: Gasthaus Breitachklamm
Höhenunterschied: 170 m
Wanderzeit: 2 Std.
Schwierigkeitsgrad: leicht!
Einkehr: Gasthaus Breitachklamm, Grenzgasthaus Walserschanz

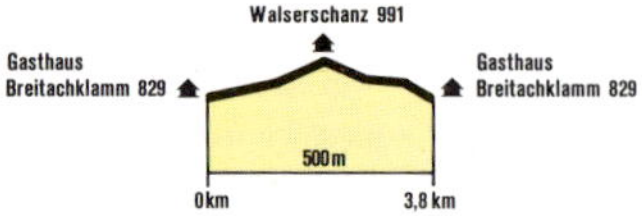

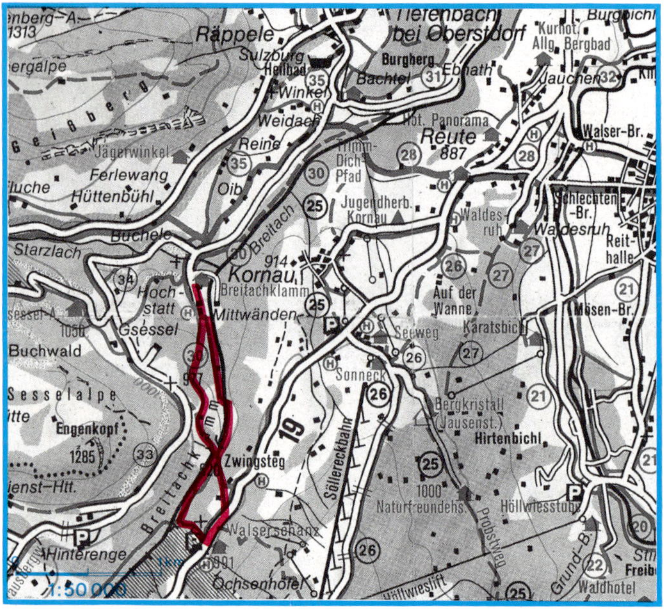

Tourenverlauf: Unser Ausgangspunkt ist das Gasthaus Breitachklamm. Hierher gelangt man mit dem Auto oder mit dem Autobus. Entdeckt wurde die Breitachklamm von Pfarrer Johannes Schiebel um 1904/05. Sie wurde durch einen in den Fels gesprengten Weg für den Tourismus erschlossen.

Wir wandern durch dieses Naturspektakel bis zum Ende der Klamm. Dort gehen wir links steil bergauf über einen breiten, im Wald angelegten Weg zum Gasthaus Walserschanz. Auf der Hauptstraße wandern wir Richtung Oberstdorf. Nach ca. 200 m nehmen wir den Weg, der links hinunterführt zum Zwingsteg. Hier überqueren wir in 80 m Höhe die Breitachklamm. In einigen Kehren gelangen wir wieder zu einer Abzweigung. Der Weg, der rechts weggeht, bringt uns zu unserem Ausgangspunkt, dem Gasthaus Breitachklamm, zurück.

Rast am Biberkopf, 2.599 m

❷ **Bergtour:** Oberstdorf/Birgsau – Rappenseehütte, 2.091 m – Biberkopf, 2.599 m

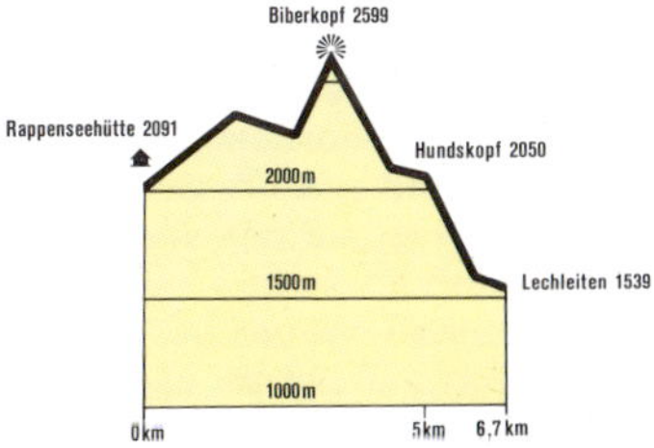

Ausgangspunkt: Oberstdorf
Parken: Birgsau
Höhenunterschied: 1.711 m
Wanderzeit: 4–5 Std.
Schwierigkeitsgrad: nur für Geübte!
Einkehr: Rappenseehütte

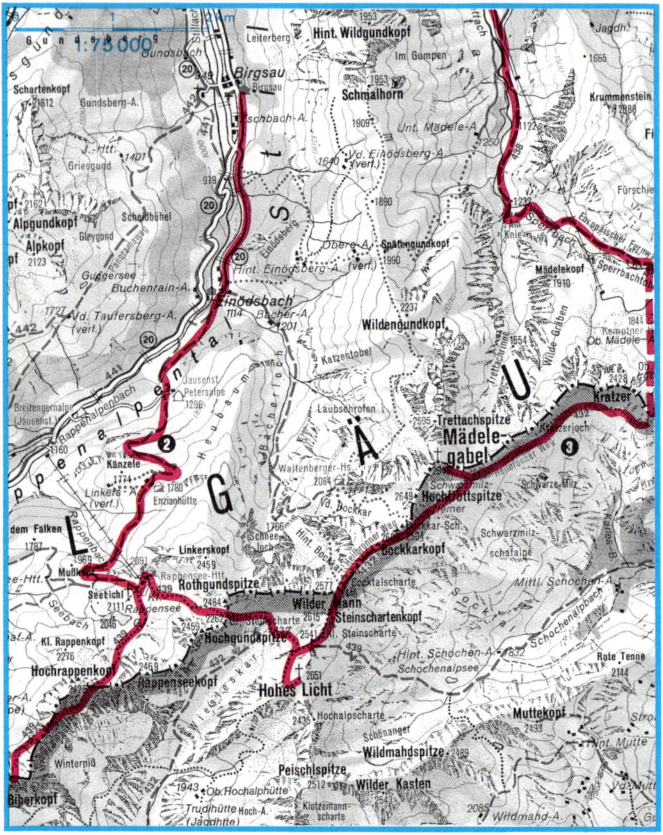

Tourenverlauf: Wie bei Bergtour 3 beschrieben, wandert man von Birgsau zur Rappenseehütte (Nächtigung). Von dort führt ein markierter Weg zum Biberkopf. Der Weg zieht am Ostufer des Großen Rappensees entlang zu einem Sattel hinauf. Rechts von uns befindet sich der Hochrappenkopf, links der Rappenseekopf. Wir queren den Südosthang des Hochrappenkopfes und gehen hinauf bis zu einem Grat. Nur für geübte Kletterer! Nun geht es wieder etwas bergab bis zu den Schuttfeldern, um den tiefsten Punkt des Biberkopf-Nordostgrates herum, wieder ansteigend bis zu einem Schuttband, das zum Nordwestgrat hinaufführt. Hier stößt man auf den Weg von Lechleiten. Teilweise drahtseilgesichert erreicht man den Gipfel. Der Biberkopf ist der südlichste Punkt Deutschlands. Über den Gipfel verläuft die Landesgrenze.
Der Rückweg erfolgt auf demselben Weg oder über eine kleine Leiter und über steile Grashänge hinunter nach Lechleiten

❸ **Bergtour:** Oberstdorf/Birgsau – Rappenseehütte (– Hohes Licht, 2.651 m) – Kemptner Hütte

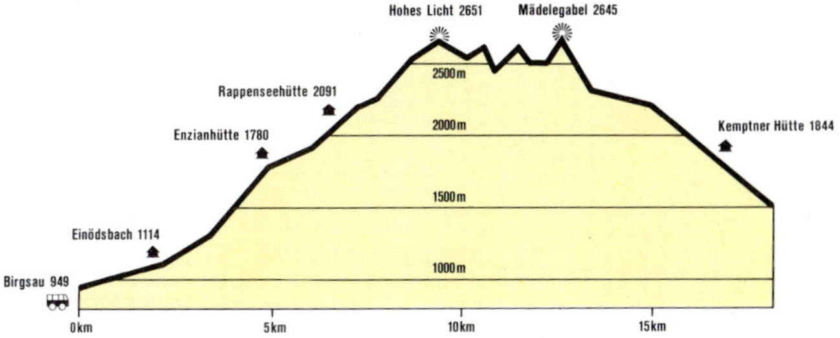

Ausgangspunkt: Oberstdorf
Parken: Birgsau
Höhenunterschied: 1.700 m (2.470 m)
Wanderzeit: 12 1/2 – 13 Std.
Schwierigkeitsgrad: nur für Geübte!
Einkehr: Birgsau, Petersalpe, Enzianhütte, Rappenseehütte, Kemptner Hütte, Spielmannsau
Karte: siehe Seite 22

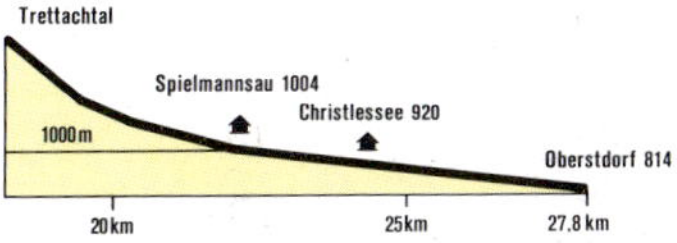

Tourenverlauf: Diese Wanderung erfordert Trittsicherheit und Schwindelfreiheit, sowie Ausdauer. Mit dem Bus von Oberstdorf nach Birgsau. Dem Stillachtal folgend wandert man über die Eschbachalpe bis Einödsbach. Bei der Weggabelung halten wir uns links und über die Petersalpe und Enzianhütte gelangt man zur Rappenseehütte (Übernachtung). Blick auf die Rappenseen.
In Richtung Südosten erreicht man steil bergauf die Große Steinscharte, 2.262 m, die sich zwischen Rothgundspitze und Hochgundspitze befindet. Der weitere Weg führt über Schutt und Geröll. Bei der folgenden Weggabelung gehen wir links. Rechts geht der Weg hinauf zum Hohen Licht, dem zweithöchsten Gipfel der Allgäuer Alpen. In einer 1/2 Std. Aufstiegszeit kann man diesen Gipfel erklimmen.
Bei der vorhin erwähnten Stelle beginnt der Heilbronner Weg. Über die Nordhänge des Hohen Lichts kommt man zu einem engen Felsspalt, dem Heilbronner Törl. Über die Kleine Steinscharte führt der Weg hinauf auf den Steinschartenkopf (Leiter). Der gesicherte Weg führt vorbei am Wilden Mann zur Socktalscharte hinunter, von dieser auf den geröllbedeckten Grat hinauf und weiter zum Bockkarkopf. Über die östliche Bockkarscharte, vorbei an der Hochfrottspitze erreicht man den Einstieg zur Mädelegabel. Diese erfordert Klettersicherheit. Über Felssturzmaterial geht es nun weiter bis zu den Südhängen des Kratzers. An diesen Hängen vorbei und dann im Bogen Richtung Norden hinunter über Geröll und Almwiesen zur Kemptner Hütte (Übernachtung).
Der Abstieg erfolgt durch das Sperrbachtobel und weiter draußen durch das Trettachtal nach Spielmannsau. Entweder mit dem in regelmäßigen Abständen verkehrenden Stellwagen oder zu Fuß geht es vorbei am Christlessee zuruck nach Oberstdorf.

❹ **Bergtour:** Oberstdorf/Birgsau – Rappenseehütte – Heilbronner Weg – Waltenberger Haus, 2.084 m

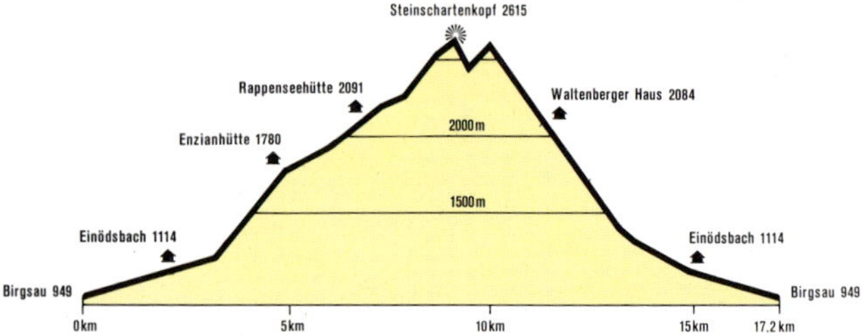

Ausgangspunkt: Oberstdorf
Parken: Birgsau
Höhenunterschied: 1.766 m
Wanderzeit: 9–10 Std.

Schwierigkeitsgrad: nur für Geübte!
Einkehr: Petersalpe, Enzianhütte, Rappenseehütte, Waltenberger Haus

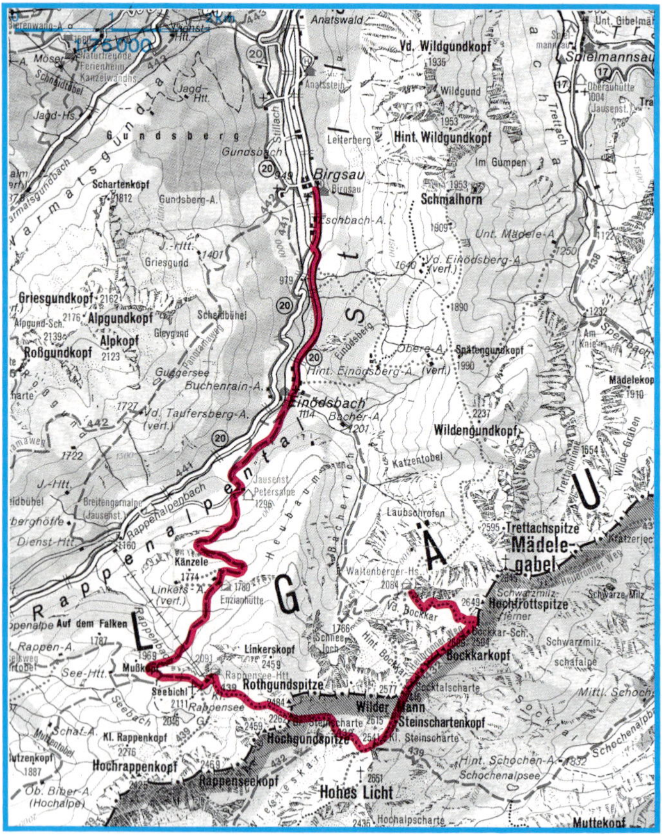

Mädelegabel, 2.645 m

Tourenverlauf: Von Oberstdorf mit dem Autobus nach Birgsau. Von Birgsau wandert man nach Einödsbach. Über die Petersalpe, Enzianhütte zur Rappenseehütte. Wir gehen von der Rappenseehütte immer bergauf, mit Blick auf die Rappenseen. In Richtung Südosten erreicht man steil bergauf die Große Steinscharte, die sich zwischen Rothgundspitze und Hochgundspitze befindet. Über Schutt und Geröll bis zu einer Weggabelung. Links beginnt nun der Heilbronner Weg, der an ausgesetzten Stellen mit Drahtseilen gesichert ist. Vorbei an den Nordhängen des Hohen Lichtes kommt man zum Heilbronner Törl. Über die Kleine Steinscharte zum Steinschartenkopf, dann vorbei am Wilden Mann zur Socktalscharte hinunter, von dieser auf den geröllbedeckten Grat hinauf und weiter über den Bockkarkopf zur westlichen und dann zur östlichen Bockkarscharte. Hier endet der eigentliche Heilbronner Weg. Links hinunter führt der Weg zum Waltenberger Haus. In Richtung Westen, später in nördlicher Richtung durch das Bacherloch, das unter Naturschutz steht, nach Einödsbach, dann nach Birgsau zurück (2 Std. ab Wartenberger Haus).

5 **Bergwanderung:** Oberstdorf/Birgsau – Einödsbach – Waltenberger Haus – Wildengundkopf, 2.237 m

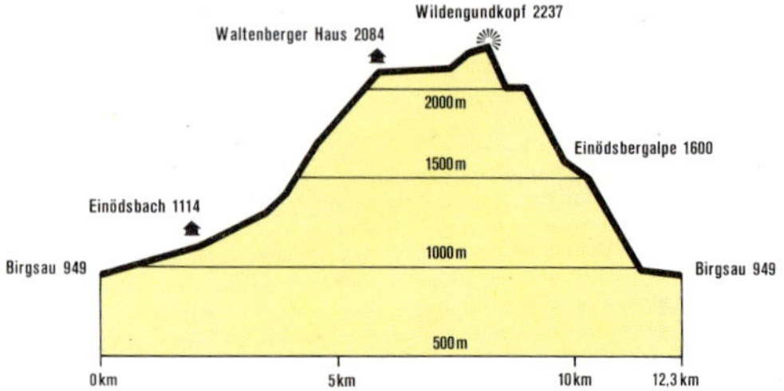

Ausgangspunkt: Oberstdorf
Parken: Birgsau
Höhenunterschied: 1.288 m
Wanderzeit: 6 Std.
Schwierigkeitsgrad: mittel!
Einkehr: Waltenberger Haus, in Einödsbach

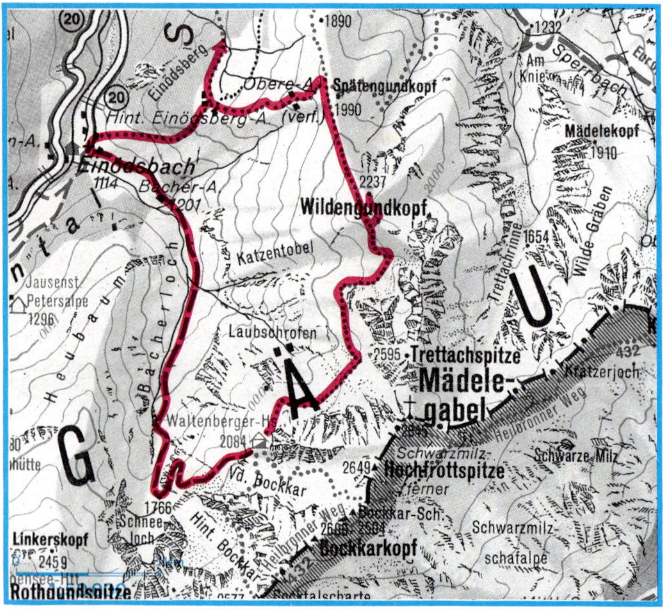

Tourenverlauf: Von Birgsau wandert man nach Einödsbach. Beim Gasthaus auf dem markierten Weg Richtung Bacherloch. Das Wändle, ein kleiner Fels, mit Drahtseilen gesichert, Trittsicherheit und Schwindelfreiheit erforderlich, wird passiert. Über Bergwiesen gelangen wir zum Waltenberger Haus. Diese Hütte wurde 1885 vom DAV als erste Schutzhütte der Allgäuer Alpen gebaut. Vom Waltenberger Haus in Richtung Norden, an den Westhängen der Hochfrottspitze, Mädelegabel und Trettachspitze durch das Mädelekar. Der weitere Weg führt uns auf einem Steig über grüne Hänge zum Nord-Vorbau der Trettachspitze. Von hier mit mäßiger Steigung über die Rote Wand zum Wildengundkopf. Herrlicher Blick auf die großartige Trettachspitze. Vom Gipfel des Wildengundkopfes hinunter zum Spätengundkopf. Dort biegen wir links ab und wandern über die steilen Weideflächen zur Hinteren Einödsbergalpe. Hier haben wir die Wahl, entweder links hinunter nach Einödsbach zu gehen, oder aber rechts Richtung Birgsau.

6 Bergtour: Oberstdorf/Spielmannsau - Kemptner Hütte - Großer Krottenkopf, 2.657 m

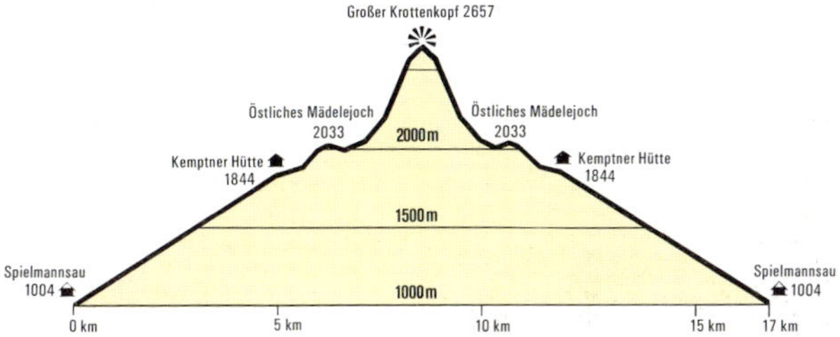

Ausgangspunkt: Oberstdorf
Parken: Spielmannsau
Höhenunterschied: 810 m
Wanderzeit: Spielmannsau - Kemptner Hütte 3 Std., Kemptner H. - Großer Krottenkopf: 2-3 Std.
Schwierigkeitsgrad: nur für Geübte!
Einkehr: Kemptner Hütte
Karte: siehe Seite 28

Tourenverlauf: Von der Spielmannsau (Stellwagenstation) aus wandern wir durch das Trettachtal und über das Sperrbachtobel zur Kemptner Hütte, die wir nach 3 Stunden erreichen. Von der Kemptner Hütte Richtung Nordosten über Wiesenhänge bis zu einer Abzweigung. Beim Wegweiser »Prinz-Luitpold-Haus« halten wir uns an diesen, gehen also links, und erreichen in steilen Kehren das Östliche Mädelejoch. Über die Hänge des Roßgumpentales weiter. Über Geröll geht es dann hinauf zur Krottenkopfscharte. Links, also Richtung Norden, gelangt man auf den Anstiegsweg zum Gipfel des Großen Krottenkopfes. Herrlicher Blick in die Allgäuer Bergwelt! Der Abstieg erfolgt auf dem Aufstiegsweg.

***Alpines Notsignal: Sechsmal** innerhalb einer Minute in regelmäßigen Zeitabständen ein sichtbares oder hörbares Zeichen geben und hierauf eine Pause von einer Minute eintreten lassen. Das gleiche wird wiederholt, bis Antwort erfolgt.*
***Antwort:** Innerhalb einer Minute wird **dreimal** in regelmäßigen Zeitabständen ein sichtbares oder hörbares Zeichen gegeben.*

7 **Bergwanderung:** Kemptner Hütte – Kreuzeck, 2.375 m – Rauheck, 2.384 m – Älpelesattel, 1.778 m – Gerstruben

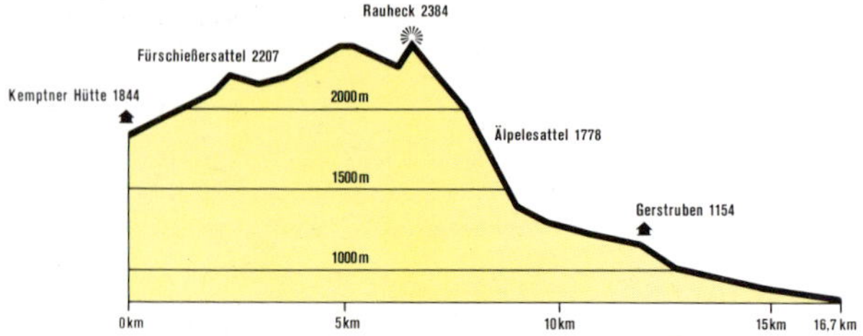

Ausgangspunkt: Oberstdorf
Parken: Spielmannsau
Höhenunterschied: 540 m
Wanderzeit: 6–7 Std.

Schwierigkeitsgrad: mittel!
Einkehr: Kemptner Hütte, Dietersbachalpe, Gerstruben

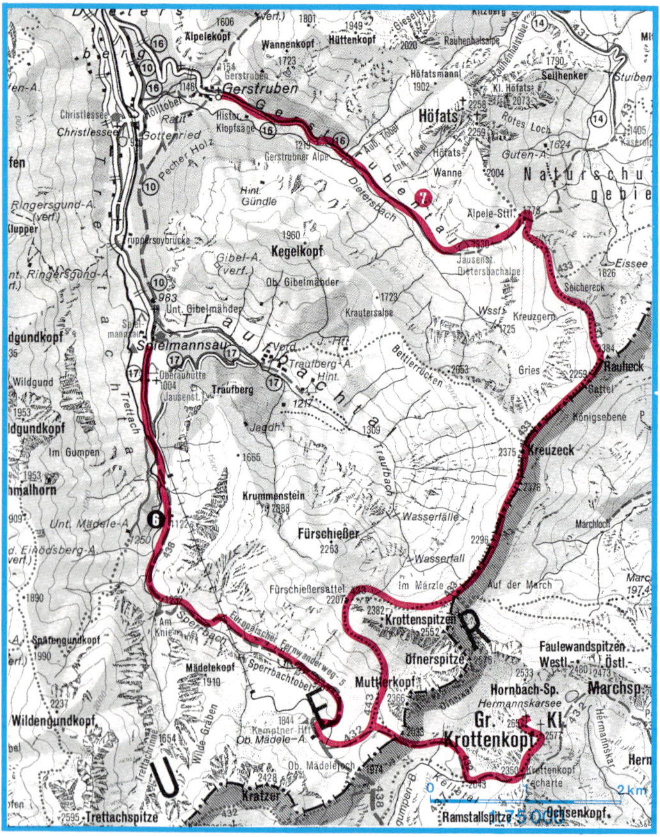

Gerstruben mit Höfats, 2.258 m

Tourenverlauf: Da diese Tour viele Stunden Gehzeit erfordert, ist es ratsam, auf der Kemptner Hütte zu übernachten. Diese erreicht man in 3stündiger Wanderung von der Spielmannsau (Stellwagenstation) durch das Trettachtal und das Sperrbachtobel.

Unser Weg führt vorerst Richtung Oberes Mädelejoch, zweigt davor in Richtung Osten ab, läßt den Weg, der zum Östlichen Mädelejoch (2.033 m) führt, unbeachtet und geht links weiter. Vorbei an den Westabstürzen des Muttlerkopfes, der Öfnerspitze und der Krottenspitzen erreicht man den Fürschießersattel. Herrlicher Blick zur Mädelegabel. Der Weg wendet sich beim Sattel in Richtung Osten und wir wandern auf einem Steig hinunter ins Kar »Im Märzle«, bis wir einen Sattel erreichen. Von dort mühelos über Grashänge und Blumenwiesen zum Kreuzeck. (Links führt hier ein Weg hinunter über den Bettlerrücken ins Traufbachtal.) Über herrliche Blumenteppiche spaziert man vom Kreuzeck weiter zum Rauheck, wobei man immer auf der Grenze zwischen Deutschland und Österreich wandert. Nun in nordöstlicher Richtung bergab über das Seichereck zum Älpelesattel und durch das Gerstrubental zum Endpunkt dieser Tour.

8 **Bergwanderung:** Oberstdorf – Oytal – Älpelesattel, 1.778 m – Gerstrubental – Oberstdorf

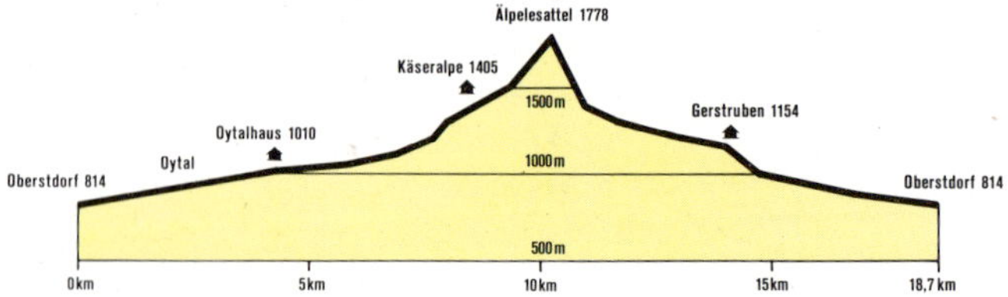

Ausgangspunkt: Oberstdorf
Parken: im Ort
Höhenunterschied: 964 m
Wanderzeit: 6–7 Std.
Schwierigkeitsgrad: mittel!
Einkehr: Oytalhaus, untere Gutenalm, Käseralpe, Dietersbachalpe, Gerstruben
Karte: siehe Seite 31

Tourenverlauf: Diese Tour ist sehr anstrengend, da neben 1.000 Höhenmetern auch Gehausdauer verlangt werden. Von Oberstdorf entlang der Oytalstraße (vorbei am Skistadion), am Südhang des Kühberges vorbei, taleinwärts. Wir überqueren den Oybach. An diesem entlang durch den Lugenalpenwald, vorbei am Oytalhaus über einen Kiesweg zur Unteren Gutenalm. Nach der Überquerung des Lauf- und Oybaches beginnt der Aufstieg. Vorbei am Stuibenfall kommen wir in Richtung Süden zur Käseralpe. Herrlicher Blick auf Höfats, Schneck, Großen Wilden und die Höllhörner. Ein steiler Aufstieg entlang des Südhanges der Höfats führt uns zum Älpelesattel. Auf einem steilen Pfad geht es in Kehren steil hinab zur Dietersbachalpe. Wir folgen dem Dietersbach bis zur Gerstrubner Alpe und weiter bis Gerstruben. Vorbei am Dietersberg kommen wir zurück nach Oberstdorf.

9 **Bergtour:** Oberstdorf – Oytal – Älpelesattel – Höfats, 2.258 m

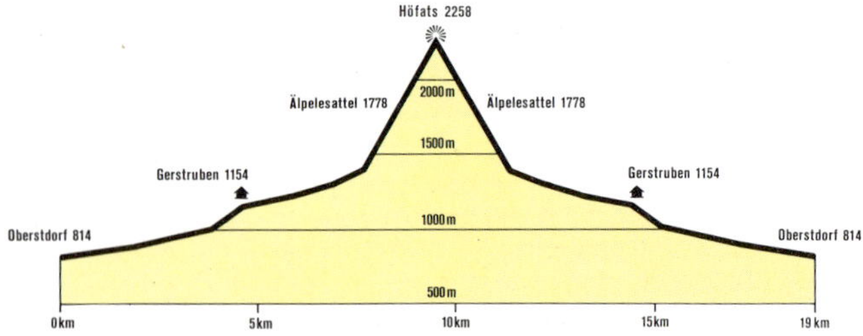

Ausgangspunkt: Oberstdorf
Parken: im Ort
Höhenunterschied: 1450 m
Wanderzeit: 8–9 Std.
Schwierigkeitsgrad: nur für Geübte!
Einkehr: Oytalhaus, Untere Gutenalm, Dietersbachalpe, Gerstrubner Alpe

Tourenverlauf: Die Besteigung der Höfats erfordert Trittsicherheit, Schwindelfreiheit und gutes Schuhwerk. Dieser Berg wird in der Literatur auch »Königin der ostalpinen Grasberge« genannt. Der Anmarsch

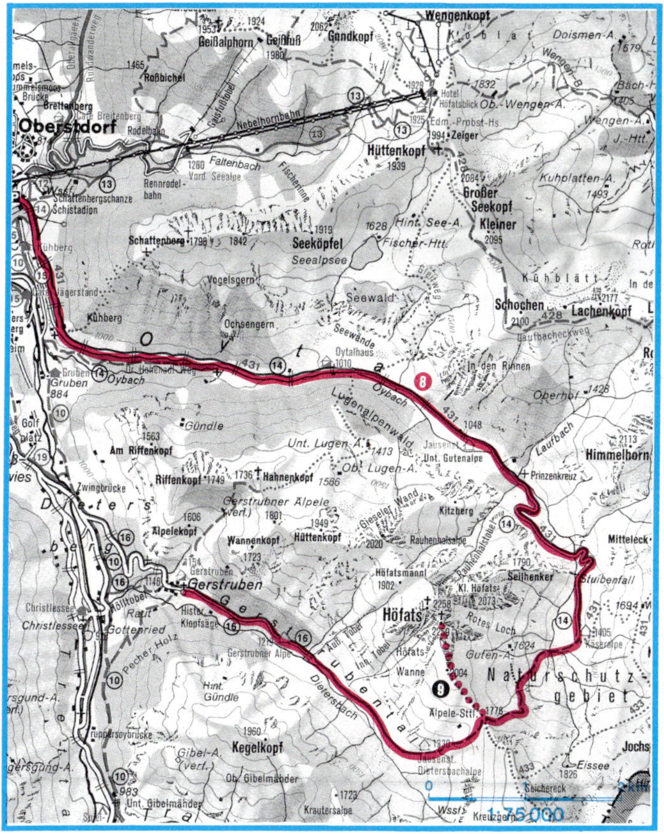

erfolgt – wie bei Tour 8 beschrieben – bis zum Älpelesattel. Dort halten wir uns Richtung Nordwesten und wandern auf einem Pfad (Fußspuren) über einen Grasrücken zum Punkt 2.004, wo das Gelände steiler wird. Wir gehen bis zum Fels des Höfats und weiter zum Gipfel hinauf. Achtung: Weg nicht verlassen, sehr gefährlich. Abstiegsweg bis zum Älpelesattel wie Aufstiegsweg, Rückweg siehe Beschreibung zu Tour 8.

Eine Bitte: Nimm deine Abfälle wieder mit nach Hause!

⑩ **Bergtour:** Oberstdorf – Nebelhornbahn – Laufbacheckweg – Schneck, 2.268 m

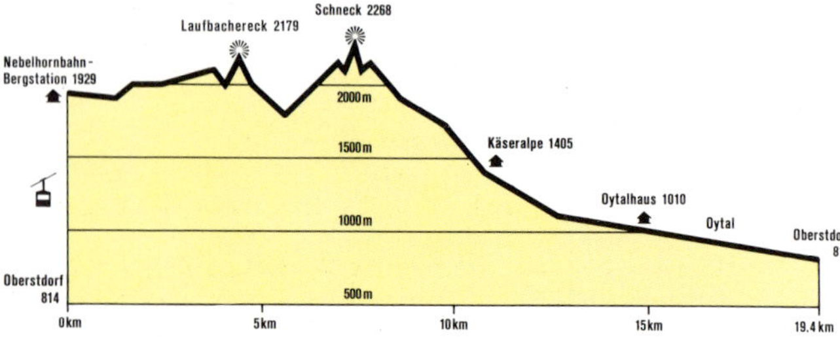

Ausgangspunkt: Oberstdorf
Parken: Talstation Nebelhornbahn
Höhenunterschied: Aufstieg 800 m, Abstieg 1.883 m

Wanderzeit: 7–8 Std.
Schwierigkeitsgrad: nur für Geübte!
Einkehr: Hotel Höfatsblick, Edm.-Probst-Haus, Untere Gutenalm, Oytalhaus

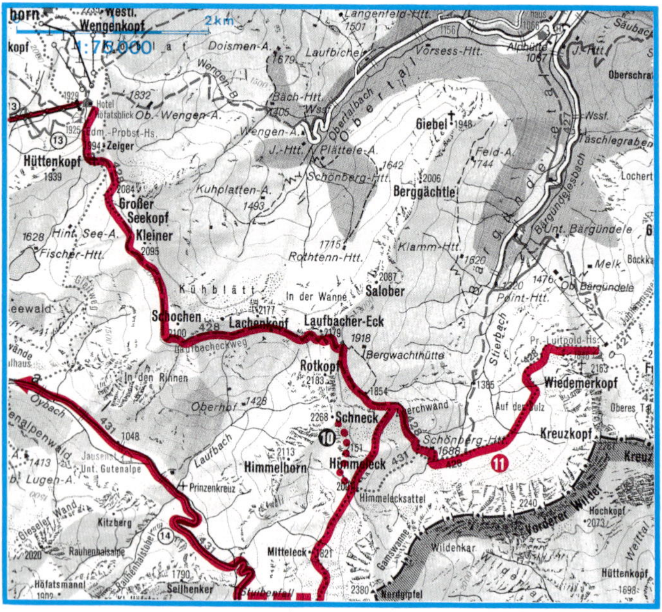

Tourenverlauf: Die Besteigung des Schneck ist sehr schwierig. Trittsicherheit, Schwindelfreiheit und bergsteigerische Erfahrung sind unbedingt notwendig.
Mit der Nebelhornbahn fahren wir zu deren Bergstation nahe dem Edmund-Probst-Haus. Auf dem Laufbacheckweg zum Seeblick. Vorbei

an den Westhängen des Zeigers, vorbei am Großen und Kleinen Seekopf gehen wir bis unter den Schochen. In Richtung Osten weiterwandernd zum Laufbachereck, dann in südlicher Richtung zur Zwerchwand. Hier halten wir uns links und wandern um den Schneck herum bis zum Himmelecksattel. Hier beginnt nun der schwierige Teil der Tour. Vom Sattel hinauf in Richtung Norden auf einen begrünten Grat zum Himmeleck. Von hier etwas absteigen zu einer kleinen Scharte, die sich nördlich des Himmelecks befindet. Auf Fels zum Grat. Achtung: für Kinder nicht geeignet!
Der Abstieg erfolgt bis zum Himmelecksattel auf dem Aufstiegsweg. Der Rückweg nach Oberstdorf kann auf demselben Weg zur Bergstation Nebelhornbahn erfolgen. Die zweite Möglichkeit besteht darin, in Richtung Süden zum Mitteleck zu gehen, von dort weiter zum Stuibenfall und durch das Oytal zurück nach Oberstdorf.

11 **Bergwanderung:** Oberstdorf – Nebelhornbahn – Edmund-Probst-Haus, 1.925 m – Prinz-Luitpold-Haus, 1.846 m

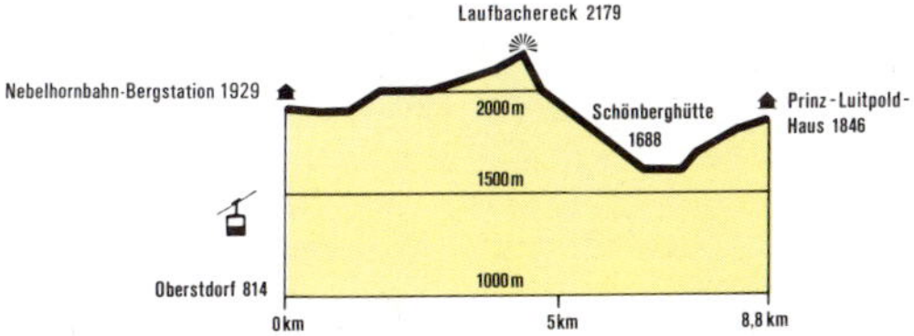

Ausgangspunkt: Oberstdorf
Parken: Talstation Nebelhornbahn
Höhenunterschied: 491 m
Wanderzeit: 4 – 5 Std.
Schwierigkeitsgrad: mittel!
Einkehr: Edmund-Probst-Haus, Prinz-Luitpold-Haus
Karte: siehe Seite 32

Tourenverlauf: Von Oberstdorf fährt man mit der Nebelhornbahn zu deren Bergstation nahe dem Edmund-Probst-Haus. Von hier führt ein gut markierter Höhenweg zum Prinz-Luitpold-Haus. Wir wandern hinauf zum Seeblick in 1.920 m Höhe. Von hier führt rechts ein Weg hinunter zum Seealpsee und weiter ins Oytal. Links weiter über die Westhänge des Zeigers, vorbei am Großen und Kleinen Seekopf in südöstlicher Richtung bis vor den Schochen. Hier nimmt der Weg seinen weiteren Lauf in Richtung Osten. Über den Laufbacheckweg, vorbei am Lachenkopf gelangt man zum Laufbachsattel, der sich zwischen Laufbachereck und Rotkopf befindet. Wir sind im Naturschutzgebiet Allgäuer Hochalpen. Blumen pflücken verboten! Über Grashänge steil bergab über die Zwerchwand, die vom Schneck herunterzieht zur Schönberghütte und weiter an den Westhängen des Wiedemerkopfes zum Prinz-Luitpold-Haus. Von hier hat man etliche Möglichkeiten:
a) zurück zum Edmund-Probst-Haus
b) zur Kemptner Hütte
c) über den Jubiläumsweg zum Geißeckjoch bis zur Willersalpe
d) durchs Bärgündelotal und Ostrachtal nach Hinterstein
e) über den Fuchsensattel nach Hinterhornbach.

⓬ **Bergtour:** Oberstdorf – Nebelhornbahn – Hindelanger Klettersteig – Großer Daumen, 2.280 m

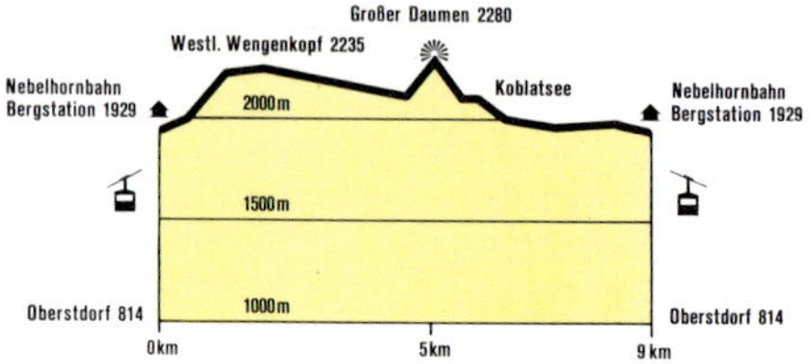

Ausgangspunkt: Oberstdorf
Parken: Talstation Nebelhornbahn
Höhenunterschied: 490 m
Wanderzeit: 6 Std.

Schwierigkeitsgrad: nur für Geübte!
Einkehr: Hotel Höfatsblick, Gipfelrestaurant Nebelhorn, Edmund-Probst-Haus

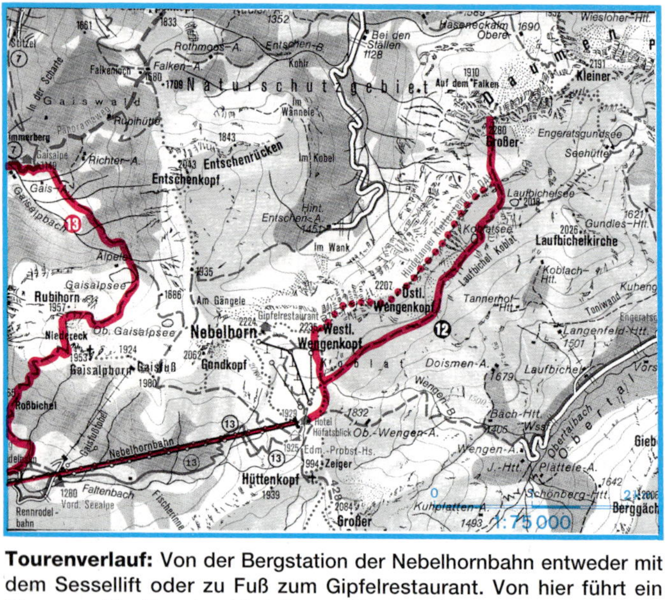

Tourenverlauf: Von der Bergstation der Nebelhornbahn entweder mit dem Sessellift oder zu Fuß zum Gipfelrestaurant. Von hier führt ein Weg zum Einstieg des Hindelanger Klettersteiges. Dort gelangen wir mit Hilfe eines Drahtseiles zu einer Metalleiter. Über diese kommen wir auf den Westgipfel des Wengenkopfes und von diesem auf den Hauptgipfel. Der Weg ist gut markiert und darf auf keinen Fall verlassen werden! Der weitere Weg ist durch Leitern, Eisengriffe und Seile gesichert. Wir klettern also weiter bis zu einer Scharte oberhalb des Laufbichelsees. Wenn wir uns Richtung Norden halten, gelangen wir auf den Großen Daumen, den höchsten Berg der Tour mit herrlicher Rundsicht. Vom Gipfelkreuz klettern wir zurück zur vorher erwähnten Scharte. In Richtung Süden gehend, lassen wir den Laufbichelsee links liegen und wandern zum Koblatsee hinaus. An diesem links vorbei zur Bergstation.

Nebelhornbahn

⑬ **Bergwanderung:** Oberstdorf – Nebelhornbahn – Rubihorn, 1.957 m

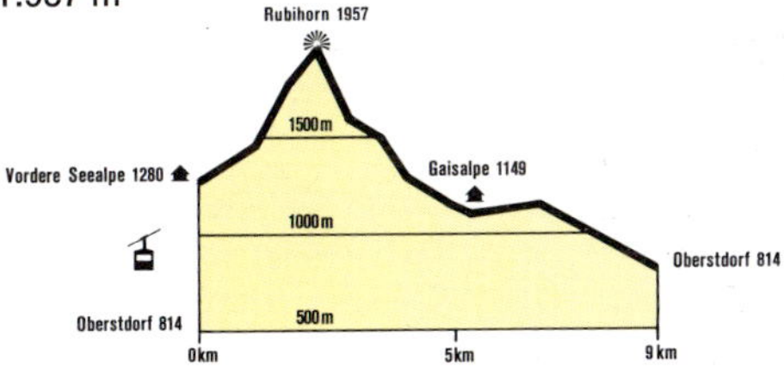

Ausgangspunkt: Oberstdorf
Parken: Talstation Nebelhornbahn
Höhenunterschied: Aufstieg 677 m, Abstieg 1.143 m
Wanderzeit: 5 Std.

Schwierigkeitsgrad: mittel!
Einkehr: Gaisalpe, Café Breitenberg, Vordere Seealpe
Karte: siehe Seite 34

Tourenverlauf: Wir fahren mit der Nebelhornbahn bis zur Mittelstation und gehen in nördlicher Richtung, wobei wir auf einen Weg, der von Oberstdorf heraufführt, treffen. Über die »Halde« wandert man in Kehren hinauf zum Roßbichel und über die Stelle Roßgern zum Niedereck. Rechts unter uns liegt die Obere Gaisalpe. Auf dem Grat wenden wir uns nach links und gehen dem Pfad entlang um den Gipfel herum, um ihn von der Nordwestseite besteigen zu können. – Bis zum Grat am Niedereck nehmen wir denselben Weg zurück. Dort folgen wir einem Wegweiser, der uns auf einen Pfad zum Gaisalpsee hinunterführt. Am Ostufer des Sees vorbei gelangt man teilweise durch Krummholzgewächse hinunter zur Gaisalpe. Von hier aus erreichen wir, indem wir in westlicher Richtung gehen, die Gaisalpkapelle, passieren diese und gehen weiter in südlicher Richtung auf dem Gaisalpweg, oder auch Wallrafweg genannt, nach Oberstdorf zurück.

⑭ **Bergwanderung:** Oberstdorf – Gaisalpe, 1.149 m – Entschenkopf, 2.043 m

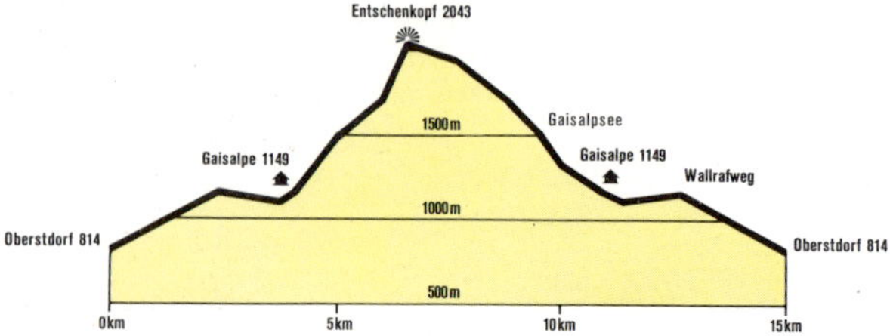

Ausgangspunkt: Oberstdorf
Parken: im Ort
Höhenunterschied: 1.230 m
Wanderzeit: 4 – 5 Std.
Schwierigkeitsgrad: mittel!
Einkehr: Gaisalpe
Karte: siehe Seite 37

Tourenverlauf: Diese Tour erfordert Trittsicherheit und Schwindelfreiheit! Von Oberstdorf auf dem Wallrafweg (Gaisalpweg) wie in Tour 13 beschrieben bis zur Gaisalpe. Man kann auch von Reichenbach bei Oberstdorf zur Gaisalpe gelangen. Am Ortsende von Reichenbach geht man dabei östlich. Über den Tobelweg entlang des Gaisalpbaches kommt man zur Gaisalpkapelle und zur Gaisalpe.
Nach der Gaisalpe halten wir uns an den Weg, der links weggeht. Dieser führt über Almwiesen und durch den Gaiswald, vorbei an der Rubihütte, hinauf zum Falkenjoch. Kurz vor diesem Joch zweigt ein Weg rechts ab. Diesen schlagen wir ein und erreichen über diesen Weg den Fuß des Entschenkopfes. Zuerst über Latschen und Krummholz, dann im felsigen Gelände, teilweise kleine Klettereien, gelangt man über einen steilen Steig zum Gipfel. Der Abstieg erfolgt in südlicher Richtung, zuerst über Fels Richtung Gängele. Von dort müssen wir rechts hinunter zum Oberen Gaisalpsee. Über Almwiesen und durch den Wald kommt man zurück zur Gaisalpe. Der Weg hinunter nach Reichenbach bzw. Oberstdorf ist mit dem Aufstiegsweg identisch.

⑮ **Bergwanderung:** Reichenbach – Gaisalpe – Sonnenkopf, 1.712 m

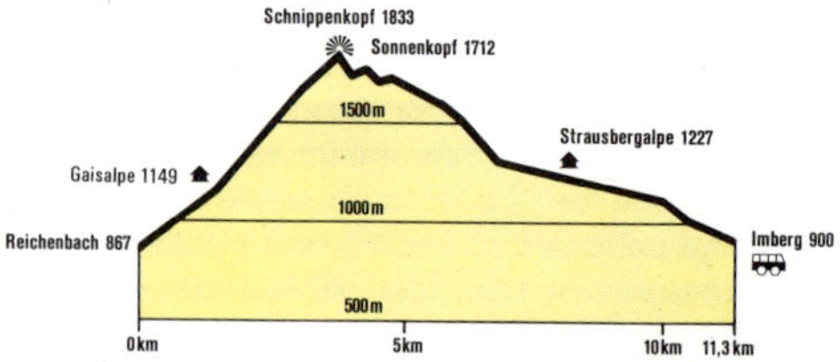

Ausgangspunkt: Reichenbach
Parken: im Ort
Höhenunterschied: 970 m
Wanderzeit: 6 Std.
Schwierigkeitsgrad: mittel!
Einkehr: Gaisalpe, Strausbergalpe

Tourenverlauf: Von Reichenbach ostwärts zur Gaisalpe. Von dort weiter zum Falkenjoch. Vorbei an der Falkenalpe kommt man über Almwiesen zu einem lichten Wald. Von hier auf einem Pfad zum Schnippenkopf.

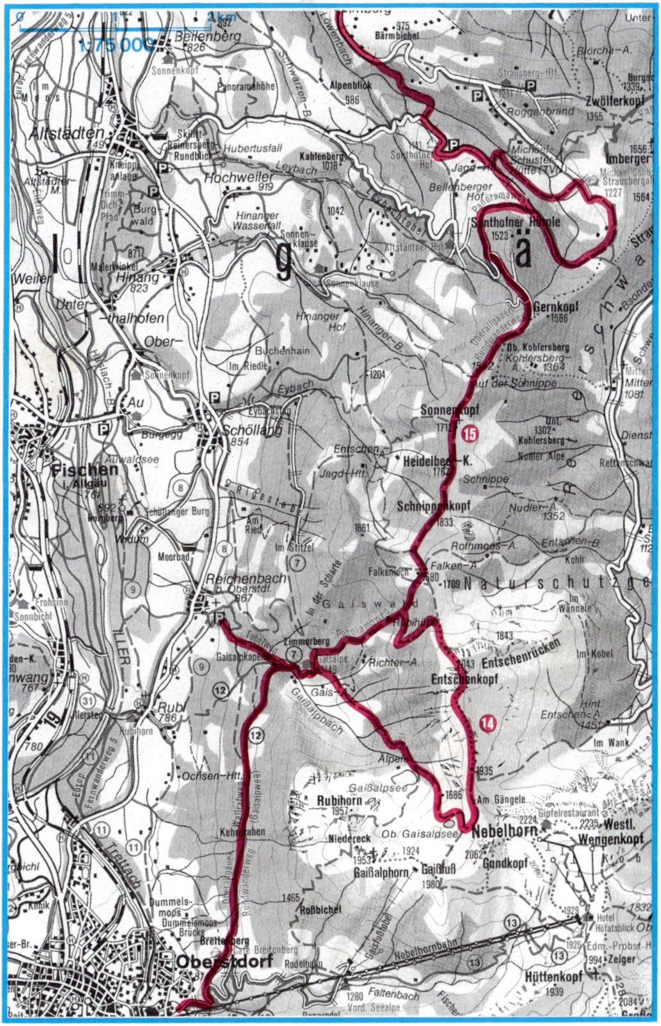

Von hier in den Sattel zum Heidelbeerkopf. Am Südhang hinauf, auf der anderen Seite hinunter zum Sattel des Sonnenkopfes. Über den Südhang hinauf zum höchsten Punkt. Abstieg nördlich Richtung Gernkopf. Die Sonnenköpfe gehören der Flyschzone an. Von den Sonnenköpfen hat man einen herrlichen Blick nach Sonthofen. Vom Gernkopf geht es hinunter zum Strausbergsattel, dann in nordwestlicher Richtung über Almweiden hinunter nach Imberg und mit dem Bus zurück.

Kleinwalsertal ▸▸

Kleinwalsertal

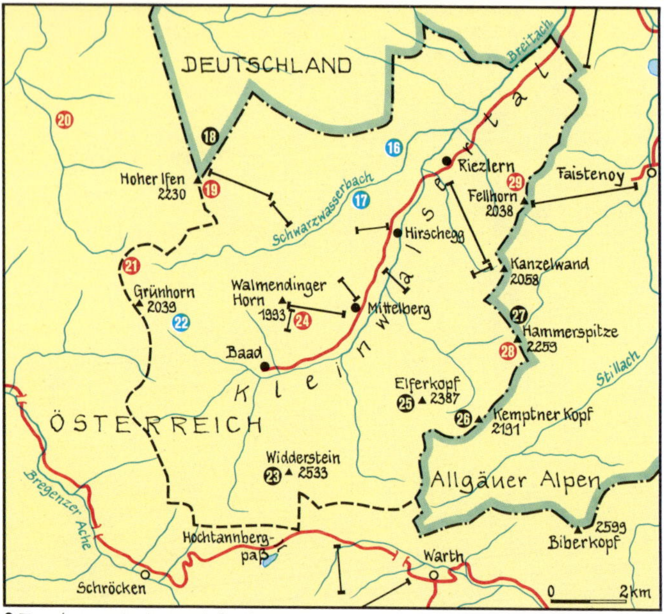

• Fremdenverkehrsverband, Verkehrsverein — Straße — Eisenbahn
Staatsgrenze - - - - - - Zollausschlußgebietsgrenze
19 Lage der beschriebenen Wanderwege

Das Kleinwalsertal gehört zu Österreich, ist aber deutsches Zollgebiet. Es öffnet sich nach Nordosten (Oberstdorf) hin und ist mit seiner Höhenlage von 1.000 m bis 1.200 m ein bevorzugtes Fremdenverkehrsgebiet. Als größter Quellfluß der Iller durchfließt die Breitach das Tal, das von allen Seiten von hohen Bergen umschlossen wird. Durch die sehr verschiedenen geologischen Formationen hat dieses Tal ein landschaftliches Gepräge mit besonderen Reizen. Östlich von Riezlern erhebt sich der Flyschzug des Fellhorns, 2.038 m, mit seinen Matten. Westlich erhebt sich der eigenartige Gebirgsstock des Hohen Ifen, 2.230 m, mit den gefährlichen Gottesackerwänden und der Ifenmauer aus Schrattenkalk der helvetischen Formation. Das Gottesackerplateau ist ein riesiges Karrenfeld, eines der anschaulichsten Beispiele für Verkarstung in den Alpen. Bei Nebel wird es wegen seiner Einförmigkeit, wegen den Felsspalten und in der Nähe von Steilabbrüchen zu einem äußerst gefährlichen Irrgarten. Im Südwesten des Dorfes Hirschegg ragt steil das Walmendinger Horn, 1.993 m auf, wie das Fellhorn dem Flysch zugehörig und von ebenso grasigem Charakter. Der König des Tales ist aber der Widderstein, der die gewaltige Kulisse seiner Hauptdolomitwände auf 2.533 m erhebt. Mittelberg wird von den aus demselben Gestein bestehenden Schafalpenköpfen, 2.273 m – 2.320 m, überragt. In Baad, dem hintersten Ort des Tales, ist man von Bergen völlig eingeschlossen. Die begrünten Berge westlich des Hochalppasses scheiden hier das Kleinwalsertal vom Tal der Bregenzer Ache.

Im 15 Kilometer langen Kleinwalsertal reihen sich von Norden nach Süden die Ortschaften Riezlern, Hirschegg, Mittelberg und Baad, wie eine Perlenschnur entlang der Breitach aneinander, rings umgeben von vielen Weilern. Der Baustil dieser kräftigen Holzhäuser ist seit Jahrhunderten gleichgeblieben, ebenso wie die innenarchitektonische Einrichtung dieser Walserhäuser, deren Wirtschaftstrakt wenige Meter weit vom Hauptgebäude errichtet wurde.

An der historisch bedeutsamen Walserschanz betritt man, von Oberstdorf kommend, das Kleinwalsertal. Seit über 500 Jahren, genau seit dem 11. März 1453, als Tannberg-Mittelberg habsburgisch wurde, bildet die Walserschanz ein Bollwerk an der Landesgrenze. Sowohl während des 30jährigen Kriegs als auch während der napoleonischen Zeit verlief hier die Grenze. Nach dem Zweiten Weltkrieg war es nicht anders, denn hier standen sich die Besatzungsmächte der Franzosen (Tirol) und Amerikaner (Allgäu) gegenüber. Über die Bundesstraße 201 erreicht man, an einer sehenswerten alten Mühle vorbei, die schmucke Ortschaft Riezlern, den Sitz der Verwaltungsbehörde und die größte Ortschaft des Tals. Über Hirschegg, den jüngsten Talort mit mehreren Hotels und Pensionen gelangt man nach Mittelberg. Von diesem 1.218 Meter hoch gelegenen Ort, in der Tat »inmitten der Berge« führt die Bergbahn auf das Waldmendinger Horn, ein beliebtes Ausflugsziel. Von Mittelberg zweigt nach Südosten das abgeschiedene Wildental ab, das von den zerklüfteten Schafalpenköpfen abgeschlossen wird. In die hinterste Ortschaft, nach Baad, gelangt man, wenn man der Bödmerstraße folgt, vorbei am Gemsteltal, zur Talscheide des Turabachtals und Bärgunttals, wo auf einladenden Weideböden die wenigen Häuser des kleinen Ortes stehen.

Das Kleinwalsertal ist besonders von völkerkundlichem Interesse: Die Walser wanderten im Jahre 1291 aus dem schweizerischen Wallis über den Hochalppaß in dieses exponierte Tal ein. Sie ernährten sich vom selbstgerodeten Boden, den sie gekonnt bebauten und als Erblehen erhielten. Ab 1453 kamen die Walser unter die Herrschaft der Habsburger, wodurch sie viele Privilegien verloren, die sie aber unter Kaiser Maximilian I. 1519 zurück erhielten. Privilegien gibt es auch heute: Durch seine Lage, politisch zu Österreich gehörig, aber verkehrsmäßig nur von Deutschland zugänglich, gehört das Kleinwalsertal seit 1891 zum deutschen Zollgebiet. Obwohl die Postämter österreichisch sind und österreichische Briefmarken im Inlandstarif sowohl nach Österreich als auch nach Deutschland gültig sind, zahlt man mit Deutscher Währung. Zur Grenzüberschreitung bei der Walserschanz ist ein Reisedokument erforderlich. Zum Kuriosen zählt, daß der Walser für Waren aus seinem Mutterland Österreich Zoll zahlen muß, oder daß

der Fernsprechteilnehmer seine Telefonrechnung gleichzeitig der Österreichischen Post und der Deutschen Bundespost gesondert bezahlen muß.
Besonders beachtet wird die einheimische Tracht. Die hochgegürtete Frauentracht des Kleinwalsertales geht auf die Zeit der Gotik zurück. Diese Tracht wurde – vielleicht als Folge des Fremdenverkehrs – neuerdings wieder zur Galatracht der Sonntage und Volksfeste. Ihre Sprache klingt heute noch wie »Schwyzerdütsch«.

Wanderer bei Baad

Ortsbeschreibungen:

BAAD

Ortsteil der Gemeinde Mittelberg, Höhe: 1.244 m, Postltz.: A-6993 und D-87569. **Auskunft:** siehe Mittelberg. **Bahnstation:** Oberstdorf. Busverbindung.

Einer um 1400 entdeckten Schwefelquelle verdankt Baad im hintersten Kleinwalsertal seine Namensgebung. Gegen Ende des letzten Jahrhunderts wurde diese Quelle durch einen Erdrutsch verschüttet.
Als Wanderstützpunkt ist Baad auch wegen seiner verkehrstechnischen Lage empfehlenswert. Nur zu Fuß kann man über das Untschenjoch, das Derrenjoch, das Starzeljoch oder den Gerachsattel nach Österreich gelangen. Eingebettet zwischen dem Walmendinger Horn und dem schroffen Widderstein liegt Baad selbst inmitten der Weiden.

HIRSCHEGG

Ortsteil der Gemeinde Mittelberg, Höhe: 1.124 m, Postltz.: A-6992 und D-87568. **Auskunft:** siehe Mittelberg. **Bahnstation:** Oberstdorf. Busverbindung mit Sonthofen und Oberstdorf.

Knapp zwei Kilometer südlich von Riezlern liegt das nette Dörfchen Hirschegg. Die wettergebräunten Höfe der Weiler Außer- und Innernebenwasser, Oberseite, Letze, Au, Wäldele und Schöntal zählen zu diesem Ort, der auch durch den Fremdenverkehr stetigen Aufschwung erhielt. 1953 wurde von einer 350 Seelen zählenden evangelischen Gemeinde als Zentrum ihrer Anbetung die Heiligenkreuzkirche gebaut.

Sehenswert
Pfarrkirche (1805). – **Kriegergedächtniskapelle.** – **Kapelle** am Leidtobel (mit gotischer Madonna). – **Schießstätte** mit alten Schießscheiben. – **Festhalle** (Bauerntheater, Blasmusik, Heimatabende).

MITTELBERG

Sitz einer Verwaltungsgemeinschaft, Bezirk Bregenz, Einw.: 5.100, Höhe 1.218 m, Postltz.: A-6993 und D-87569. **Auskunft:** Verkehrsamt Mittelberg. **Bahnstation:** Oberstdorf (8–10 km). Busverbindung mit Oberstdorf.
Bergbahnen: Kanzelwandbahn, Walmendinger-Horn-Bahn, Sessel- und Schlepplifte.

Etwa um 1300 wurde die Walserpfarrei Mittelberg gegründet, so kann man aus den Jahreszahlen an der Kirche entnehmen. Viele kleine Weiler zählen zum Dorf: Höfle, Schwendle, Bödmen, Rohr, Ahorn, Tobel. Als zentraler Ort des Kleinwalsertales hat jedoch Mittelberg die bäuerliche Struktur am ehesten bewahrt, zumindest künden die unverändert gebliebenen, schmucken Bauernhöfe, wie vor hundert Jahren von der Betriebsamkeit und dem Fleiß der meist aus Älplern bestehenden Bevölkerung. Die Einkommensquelle des Fremdenverkehrs kam hier erst nach dem 2. Weltkrieg zögernd zur Geltung.

Sehenswert
Taufstein von 1495 in der Kirche, Pestaltar aus dem Jahre 1634. – **Heimatmuseum** in Bödmen.

RIEZLERN

Ortsteil der Gemeinde Mittelberg, Höhe: 1.088 m, Postltz.: A-6991 und D-87567. **Auskunft:** siehe Mittelberg. **Bahnstation:** Oberstdorf. Busverbindung.

Zu Riezlern gehören die weit verstreuten Weiler Inner- und Außerschwende (die Namen weisen auf die Rodungstätigkeit der Walser hin). Egg, Seite und Straußberg. Sowohl der Kanzelwandbahn als auch der nahen Breitachklamm verdankt Riezlern den Aufschwung als Fremdenverkehrsort.

Sehenswert
Pfarrkirche mit Deckenfresken von M. von Feuerstein. – **Mariä-Hilf-Kapelle.** – **Heimatmuseum.** – **Breitachklamm** (siehe unter Oberstdorf S. 17).

16 **Wanderung:** Naturlehrpfad Schwarzwassertal (Sektion I)

Ausgangspunkt: Au
Parken: im Ort
Höhenunterschied: 100 m
Wanderzeit: 3 Std.
Schwierigkeitsgrad: leicht!
Einkehr: Berggasthof

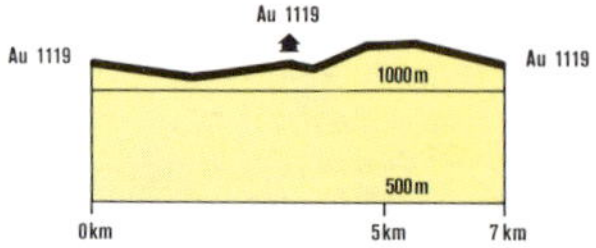

Tourenverlauf: Der Naturlehrpfad Schwarzwassertal wurde 1980 vom Verein Landschaftsschutz Kleinwalsertal angelegt. Der Naturlehrpfad ist in 2 Sektionen unterteilt. Der erste Teil beginnt im Weiler Au, wo das Auto geparkt werden kann. Von Au aus führt der Pfad Richtung Osten. Bäume und Pflanzen am Rand des Pfades werden anhand von Nummernschildern angezeigt. Die Aufschlüsselung dieser Nummern findet man im Führer »Naturlehrpfad Schwarzwassertal« von Karl Meusburger. Der nächste wichtige Punkt unserer Wanderung ist die Naturbrükke. Hier handelt es sich um einen Brückenbogen, der über das Bachbett gespannt ist. Dieser kam infolge des Schrattenkalkes zustande, der höhlenbildend ist. Westlich der Naturbrücke sehen wir den Aubach. Der Pfad führt auf dem Kesselschwandweg zum Mahdtalhaus. Nach diesem überqueren wir den Schwarzwasserbach. Danach kommen wir zum Hochmoor Höfle, einem sogenannten Quellmoor. Ein solches Moor entsteht dadurch, daß die Torfschichten Erhebungen über den Grundwasserspiegel hinaus gebildet haben. Beim Rückweg zur Naturbrücke sehen wir einen Wasserfall. Zum Ausgangspunkt zurück geht es auf demselben Weg. Nach dem Überqueren der Wäldelestraße kommt man zu einer Trockenwiese, die aus wasserdurchlässigem Moränenschutt besteht. (Wacholder, Frühlingsenzian, Orchideen). Auf dem Weg zur Schröfflesäge bewundert man wieder einen Wasserfall. Zeitweise ist der Bach hier ausgetrocknet, weil im Talbereich unterirdische Wasserläufe entstanden sind. An den Kürenfelsen vorbei zurück nach Au.

17 **Wanderung:** Naturlehrpfad Schwarzwassertal (Sektion II)

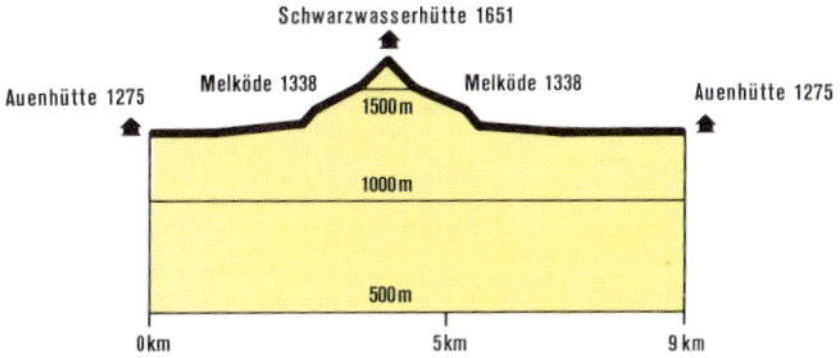

Ausgangspunkt: Au
Parken: Auenhütte
Höhenunterschied: 320 m

Wanderzeit: 4 – 5 Std.
Schwierigkeitsgrad: leicht!
Einkehr: Auenhütte, Schwarzwasserhütte

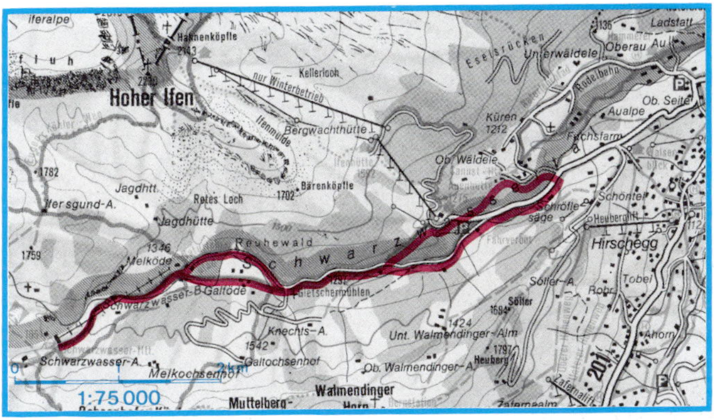

Tourenverlauf: Im Gegensatz zur Sektion I (siehe Wanderung 16) führt die Sektion II durch den alpinen Bereich. Von der Auenhütte wandert man über den Geißbühel mitten durch ein Hochmoor ins Schwarzwassertal hinein. Man kommt zum Reuhewald, einem Felssturzgebiet. Birken, Legföhren, Heidelbeeren, Preiselbeeren, Silberwurz und Bärlapp wachsen hier. Außerdem gibt es hier die giftige schwarze Kreuzotter. Vorsicht! Nachdem wir den Reuhewald verlassen haben, kommen wir zu einer großen Ebene (Galtöde und Melköde). Es handelt sich hier um einen verlandeten Bergsturzsee. Im östlichen Teil dieser Ebene fließt der Schwarzwasserbach unterirdisch.
Im Bereich der Schwarzwasserhütte treffen Kalk und Flysch aufeinander. Dieses hat zur Folge, daß hier gleich zwei Arten von Alpenrosen wachsen: Die kalkliebende Bewimperte oder Behaarte Alpenrose (rhododendron hirsutum) und die auf Silikatböden wachsende Rostblättrige Alpenrose (rhododendron ferrugineum). Der Rückweg erfolgt auf demselben Weg bis zum Geißbühel. Dort nehmen wir nicht den direkten Weg zur Auenhütte, sondern gehen rechts, also auf dem Fahrweg. Neben dem Weg sieht man einige Feuchtwiesen. Ihre Entstehung ist auf den tonhaltigen Untergrund zurückzuführen.

⑱ **Bergtour:** Riezlern – Auenhütte – Ifenhütte – Gottesackerplateau – Mahdtalhaus

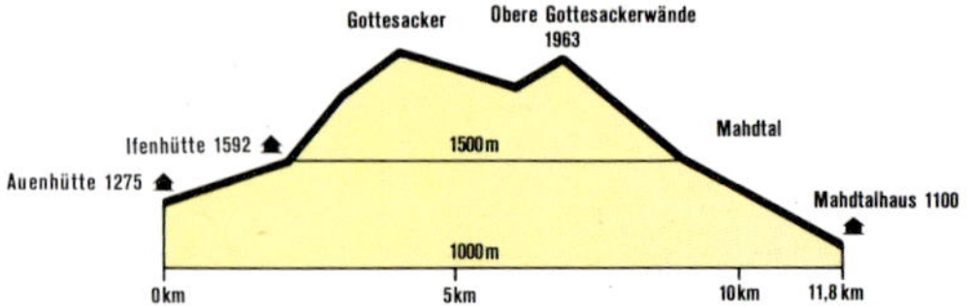

Ausgangspunkt: Riezlern
Parken: Auenhütte
Höhenunterschied: 760 m

Wanderzeit: 6–7 Std.
Schwierigkeitsgrad: nur für Geübte!
Einkehr: Auenhütte, Mahdtalhaus

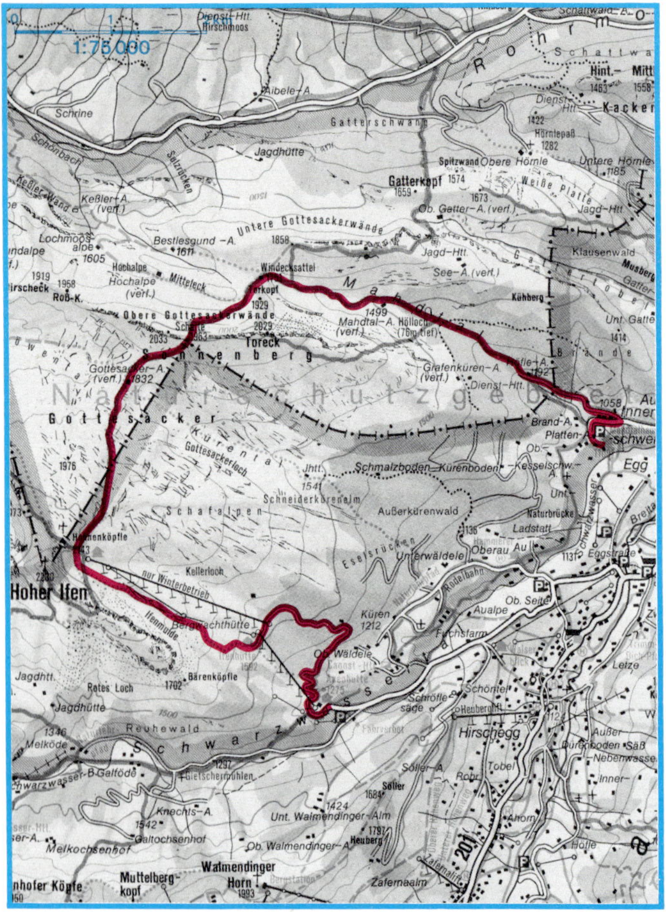

Riezlern gegen Hohen Ifen, 2.230 m

Tourenverlauf: Von der Auenhütte hat man die Möglichkeit entweder mit dem Ifenlift oder auf einer geteerten Straße in einigen Kehren bergauf bis zur Ifenhütte zu gelangen. Über Bergwiesen gelangt man auf einem Pfad zur Spitzecke. Von hier führt ein Weg hinauf auf den Ifen. Wir gehen jedoch geradeaus weiter bis zur Bergstation des nächsten Liftes. Nun beginnt die Wanderung über den Gottesacker. Beim Gottesackerplateau handelt es sich um ein Karstgebiet, und zugleich um ein Naturschutzgebiet. Die Überquerung des Schrattenfeldes ist nur bei guter Sicht möglich! Man muß sich unbedingt an die **gelbe Markierung** halten. Das Verlassen des markierten Steiges ist sehr gefährlich und unbedingt abzuraten. Durch Latschenfelder und vorbei an herrlichen Alpenblumen kommt man über die Oberen Gottesackerwände (Wegweiser) zur Torkopfscharte, und von dieser wieder bergab zum Windecksattel. Hier nehmen wir den Weg, der zum Mahdtalhaus hinunterführt. Dieser Weg führt durch das Mahdtal, vorbei an der verfallenen Mahdtalalpe und weiter drunten am Hölloch vorbei zur Höflealpe bis zum Mahdtalhaus. Entweder per Autostop oder am Naturlehrpfad Schwarzwassertal Sektion I gelangt man zum Ausgangspunkt bei der Auenhütte.

⑲ **Bergtour:** Riezlern – Auenhütte – Hoher Ifen, 2.230 m – Schwarzwassertal

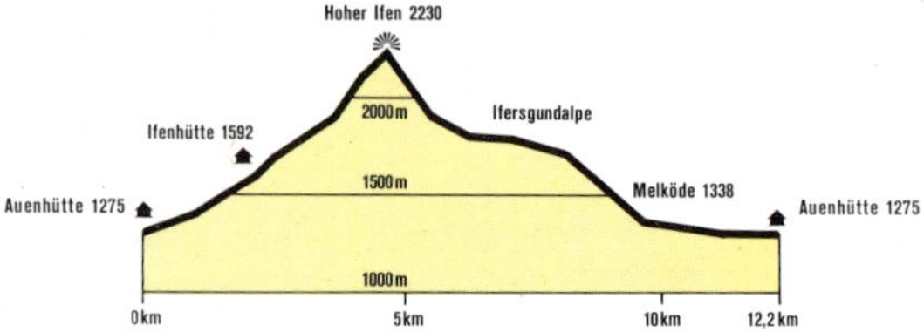

Ausgangspunkt: Riezlern
Parken: Auenhütte
Höhenunterschied: 923 m
Wanderzeit: 5 – 6 Std.

Schwierigkeitsgrad: mittel!
Einkehr: Auenhütte, Ifenhütte, Schwarzwasserhütte

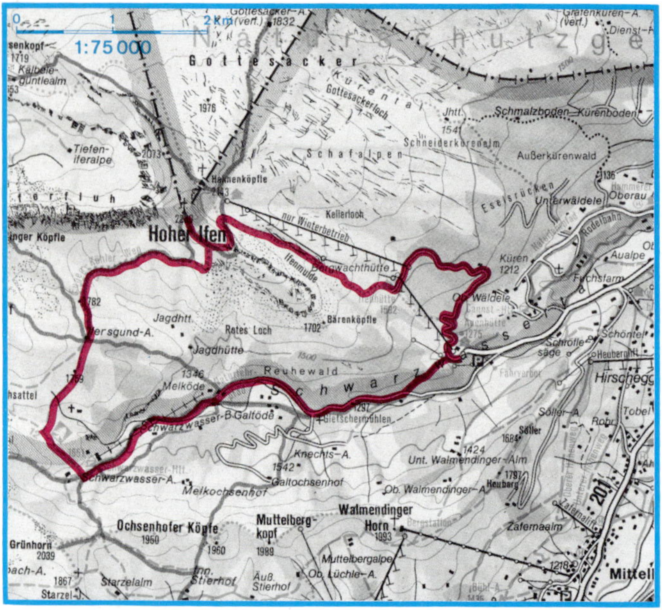

Tourenverlauf: Der Hohe Ifen sowie das nordöstlich von ihm liegende Gottesackerplateau gehören der geologischen Formation der Helvetischen Kreide an. Es handelt sich hier um ein typisches Karstgebiet. Der Weg bis zur Spitzecke über die Ifenmulde ist in Tour 18 beschrieben. Beim Wegweiser nehmen wir den Weg, der links weggeht. Zuerst ein kleines Stückchen in eine Mulde, dann steil bergauf in Serpentinen über eine Geröllhalde. Bevor wir das Ifenplateau erreichen, passieren wir mit Drahtseil gesicherten Fels. Über die schräge Wiese wandert man zum Ifengipfel. Der Rückweg führt über die Schwarzwasserhütte. Zuerst ein

Bauernhof in Mittelberg

kleines Stück auf dem Aufstiegsweg hinunter, dann rechts abzweigen. Über Schutthalden gelangt man zur Ifersgundalpe hinunter. Von hier hat man die Möglichkeit, in südlicher Richtung hinunter zur Schwarzwasserhütte zu gehen. Als 2. Möglichkeit kann man bei der Ifersgundalpe links hinunter über Weideböden zur Iferflucht und auf einem steilen Pfad zur Melköde gelangen. Von der Schwarzwasserhütte in Richtung Nordosten immer talauswärts gelangt man ebenfalls zur Melköde. Durch den Reuhewald kommt man zurück zur Auenhütte.

20 **Bergwanderung:** Riezlern – Auenhütte – Hoher Ifen, 2.230 m – Schneckenlochhöhle – Schönenbach

Ausgangspunkt: Riezlern
Parken: beim Ifenlift 2000
Höhenunterschied: 923 m
Wanderzeit: 4 – 5 Std.
Schwierigkeitsgrad: mittel!
Einkehr: in Schönenbach

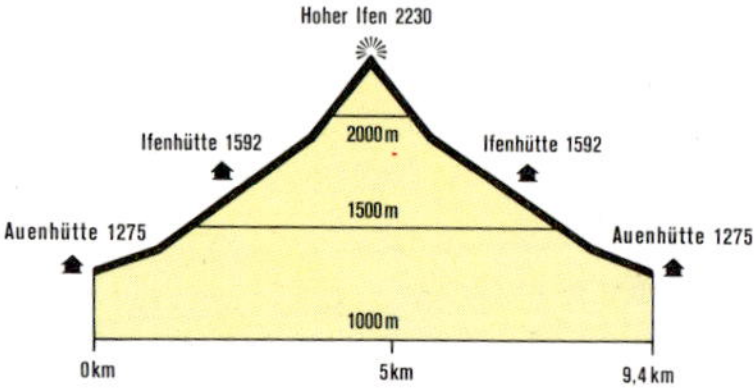

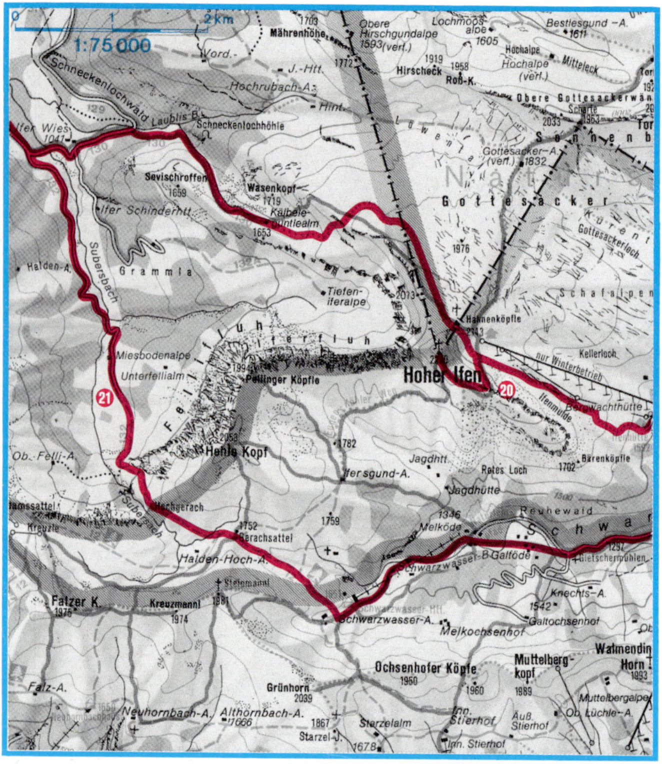

Tourenverlauf: Wie bei Tour 18 beschrieben gelangen wir zur Bergstation des Sesselliftes in ca. 2000 m Höhe. Wer den Hohen Ifen besteigen will, muß kurz davor nach links abbiegen. Vom Gipfel aus genießt man eine herrliche Aussicht! Wir wandern dann zurück zur Bergstation und weiter zum Hahnenköpfle. Rechts von uns sehen wir das Gottesackerplateau, ein großartiges Karrenfeld. Nicht selten kann man auf diesem verkarsteten Plateau große Gemsenrudel sehen. Auf dem Grat geht man hinunter zur Kälbelegüntlealm. Wir passieren rechts den Wasenkopf, links liegt der Sevischrofen. Bald danach kommen wir zur Schneckenlochhöhle. Hier handelt es sich um eine Ganghöhle von 1,5 km Länge. Sie ist die größte Höhle Vorarlbergs. Die Erkundung der Höhle ist nur mit Führung möglich. Schmale und niedrige Gänge, aber auch große Hallen sind zu sehen. Weitere Karsterscheinungen sind das Sturmannsloch oder das berühmte Hölloch im Mahdtal. Diese Höhle wurde erst 1906 erschlossen und 1950 vermessen. Sie ist der Eingang zu einem weitmaschigen Höhlenlabyrinth, das sich weit unter das Gottesackerplateau verzweigt. Wer auf dem Weg von Riezlern durch das Schwarzwassertal zur Schwarzwasserhütte wandert, wundert sich bestimmt, wo der Bach geblieben ist, der dieses Tal einschnitt. Bei der Materialseilbahnstation bei der Melköde (vor einigen Jahren von Lawinen zerstört und wieder aufgebaut) bildet sich im Frühjahr nach der Schneeschmelze oder nach einem sommerlichen Dauerregen ein großer See. Bei der Galtöde verschwindet der Schwarzwasserbach in unterirdische Gebiete und tritt erst nach Kilometern vollständig aus den Gewölben zutage. Ein weiteres Karstphänomen sind die eingestürzten Höhlensysteme, die sich an der Oberfläche durch trichterförmige, oft sehr tiefe Mulden (Dolinen) bemerkbar machen. Vom Laublistal, wo wir uns nun befinden, vorbei am Schneckenlochwald auf der Fahrstraße nach Schönenbach.

21 **Bergwanderung:** Schönenbach – Gerachsattel, 1.752 m – Schwarzwasserhütte

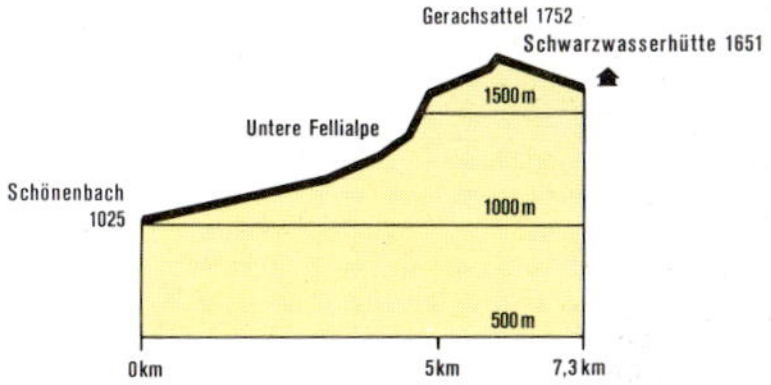

Ausgangspunkt: Schönenbach
Parken: im Ort
Höhenunterschied: 727 m
Wanderzeit: 4 – 5 Std.

Schwierigkeitsgrad: mittel!
Einkehr: Schwarzwasserhütte
Karte: siehe Seite 50

Tourenverlauf: Beim Gasthof Löwen in Schönenbach weist uns eine Tafel den Weg. Wir gehen zuerst auf einer asphaltierten Straße und erreichen die Untere Fellialpe. Weiterwandernd, links an der Fellifluh, rechts an der Subersach vorbei, gelangen wir über das Hochgerach ins Quellgebiet dieses Baches. Einen weiteren Bach überquerend kommen wir zum Gerachsattel. Von diesem steigt man in südöstlicher Richtung über teilweise sumpfiges Gebiet auf einem schmalen Weg zur Schwarzwasserhütte hinunter. In der Schwarzwasserhütte besteht die Möglichkeit zur Nächtigung. Die ganzjährig bewirtschaftete Hütte, ein Unterkunftshaus des Österreichischen Alpenvereins, liegt in zentraler Lage südlich des Hohen Ifens. (Abstieg wie in Tour 19.)

22 **Wanderung:** Baad – Ochsenhofer Scharte – Stierhofalpe – Bühlalpe – Baad.

Ausgangspunkt: Baad
Parken: im Ort
Höhenunterschied: 860 m
Wanderzeit: 4 – 5 Std.
Schwierigkeitsgrad: leicht!
Einkehr: Stutzalpe, Starzelhaus

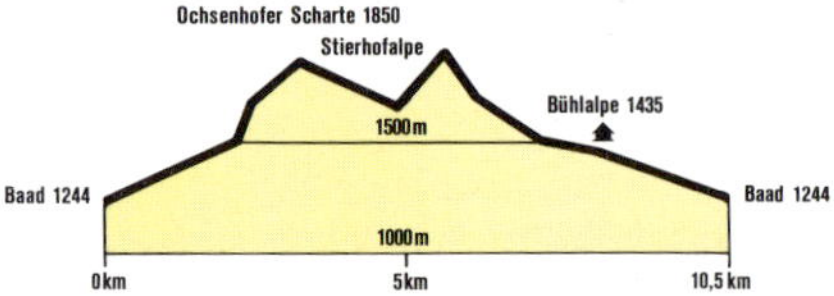

Tourenverlauf: Von der Kirche in Baad wandern wir in nordwestlicher Richtung bis zum Starzelhaus. Der Wegweiser »Ochsenhoferscharte, 2 Stunden« zeigt uns den Wegverlauf bis zur »Inneren Tura«. Westlich

Mittelberg/Kleinwalsertal

von unserem Weg sehen wir die Güntlespitze, die Uhnspitze, das Starzeljoch und das Grünhorn. Durch den Wald und über Alpwiesen wandernd kommt man zur Starzelalm. Hier bieten sich einige Wandermöglichkeiten an. U. a. gelangt man im Westen über das Starzeljoch nach Schoppernau. Wir marschieren jedoch weiter in Serpentinen hinauf zur Ochsenhofer Scharte (ca. 1 Std.). Von hier hat man einen herrlichen Blick ins Schwarzwassertal und zum Hohen Ifen. Beim Wegweiser »Ochsenhoferscharte« halten wir uns Richtung Walmendinger Horn bis zum »Äußeren Stierhof«, von wo wir Richtung Osten weitergehen. Der Weg führt weiter über die Obere Lüchlealpe zur Muttelbergalpe. Auf dem Weg »Mittelberg«, vorbei am Muttelberglift gelangt man zur Stutzalpe und Bühlalpe. Dort schlagen wir den markierten »Höhenweg Baad« ein und gelangen über diesen zurück zum Ausgangspunkt.

㉓ **Bergtour:** Baad – Widderstein, 2.533 m

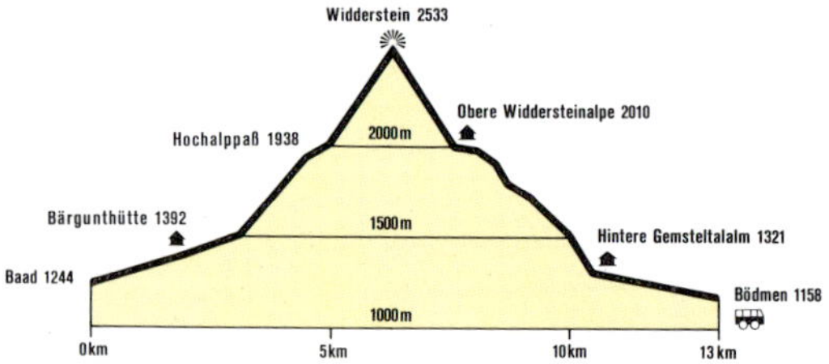

Ausgangspunkt: Baad
Parken: im Ort
Höhenunterschied: 1.290 m
Wanderzeit: 4–5 Std.; mit Widderstein 5–6 Std.
Schwierigkeitsgrad: nur für Geübte!
Einkehr: Bärgunthütte, Obere Widdersteinalpe, Hintere Gemsteltalalm,

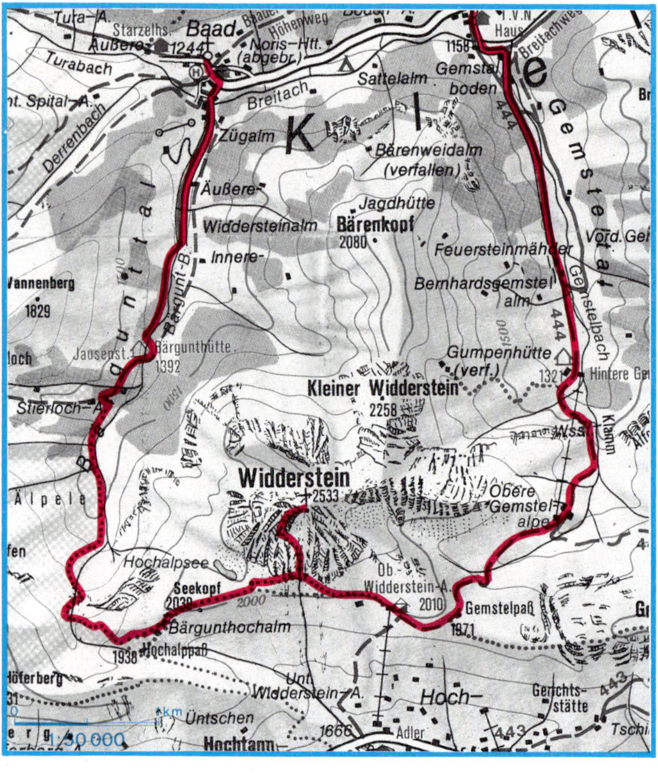

Tourenverlauf: Am Ende der Walserstraße in Baad befindet sich ein großer Parkplatz. Von hier wandern wir mit leichtem Anstieg zur Bär-

Widderstein, 2.533 m

gunthütte. Oberhalb der Hütte geht es nun ziemlich steil in Kehren aufwärts, wobei wir im Älpele den Bärguntbach überschreiten. Durch eine Senke und über Almwiesen zur Bärgunthochalm. Kurz vor dieser Alpe geht ein Weg rechts weg, welcher zum Hochalppaß und weiter zum Hochtannbergpaß hinunterführt (1 Std.). Von hier gehen wir auf einem Pfad zum begrünten Grat, der sich über der Alm befindet, bis zum Fuß des Widdersteins. Dort erblicken wir den Hochalpsee. Ausgezeichneter Blick ins Bregenzerwaldgebirge, in die Lechtaler Alpen und ins Kleinwalsertal. Wer den Widderstein bezwingen will, geht nicht geradeaus weiter, sondern hinauf zum Einstieg. Über Fels und Geröll folgen wir einem guten Pfad (markiert) durch die Schlucht. Manchmal muß man auch die Hände zu Hilfe nehmen. Achtung: Nur für geübte und erfahrene Bergwanderer! Der Aufstieg kann bei Schnee, Vereisung und Nässe sehr gefährlich sein. – Neben dem Widderstein befindet sich der Kleine Widderstein, ein ausgesprochener Kletterberg. Der Widderstein wurde 1669 zum ersten Mal durch den Pfarrer von Schröcken, Josef Bichel, bestiegen. – Der Abstieg erfolgt bis zum Einstieg auf demselben Weg. Dort halten wir uns links und gehen hinunter zur Oberen Widdersteinalpe.

Wer sich diesen Abstecher auf den Widderstein nicht zutraut, geht beim Hochalpsee nicht links, sondern gleich geradeaus weiter zur Oberen Widdersteinalpe. Über Weideflächen, teilweise Geröllhalden steigt man über den Gemstelpaß hinunter zur Oberen Gemstelalpe. Der weitere Weg nach Bödmen ist nun nicht mehr zu verfehlen.

24 **Bergwanderung:** Mittelberg – Walmendinger-Horn-Bahn – Grünhorn, 2.039 m

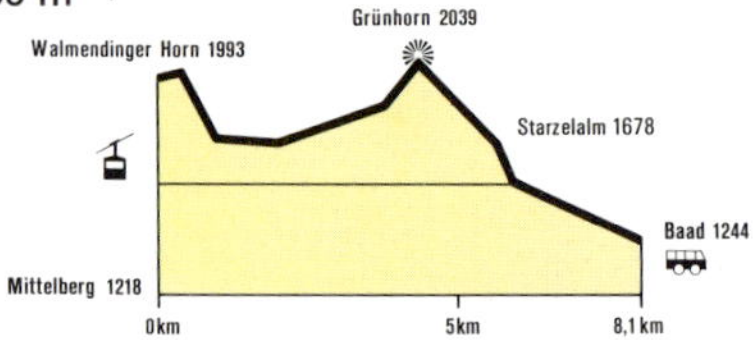

Ausgangspunkt: Mittelberg
Parken: Talstation der Walmendinger-Horn-Bahn
Höhenunterschied: 340 m Aufstieg, 1.088 m Abstieg

Wanderzeit: 2–3 Std. bis zum Grünhorn
Schwierigkeitsgrad: mittel!
Einkehr: Bergstation Walmendinger-Horn-Bahn

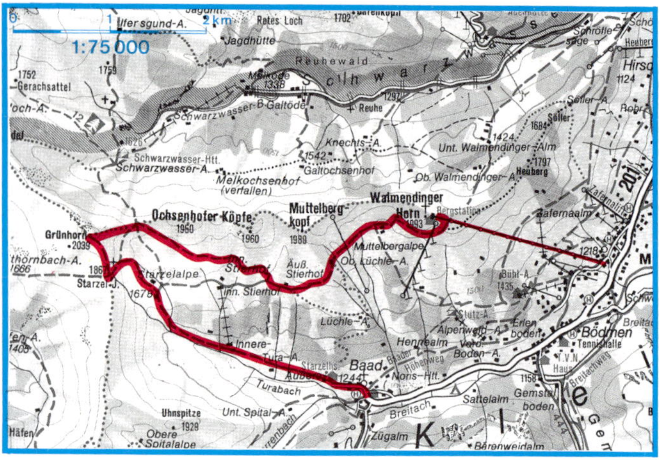

Tourenverlauf: Von Mittelberg mit der Walmendinger-Horn-Bahn zur Bergstation. Die letzten 50 Höhenmeter zum Walmendinger Horn müssen zu Fuß zurückgelegt werden. Besonders schöne Aussicht in den Bregenzerwald. Zurück zur Bergstation des Liftes. Vorerst in südlicher Richtung, dann Richtung Nordwesten zur Muttelbergalpe. Über Almwiesen gelangt man über die Obere Lüchlealpe zur Äußeren Stierhofalpe. Kurz danach führt links ein Weg zum Starzeljoch. Wir nehmen den rechten Weg. Dieser führt uns zur Ochsenhofer Scharte. Herrlicher Blick ins Schwarzwassertal und zum Hohen Ifen! Von der Ochsenhofer Scharte am Südostgrat hinauf zum Gipfel des Grünhorns.

Abstiegsmöglichkeiten:

a) auf dem Anstiegsweg zurück zur Walmendinger-Horn-Bahn
b) zum Starzeljoch, zur Starzelalm und hinunter zum Starzelhaus nach Baad
c) zurück zur Ochsenhofer Scharte, hinunter zur Starzelalm und durchs Turabachtal nach Baad.

25 **Bergtour:** Mittelberg – Gemstelboden – Schönisboden – Elferkopf, 2.387 m

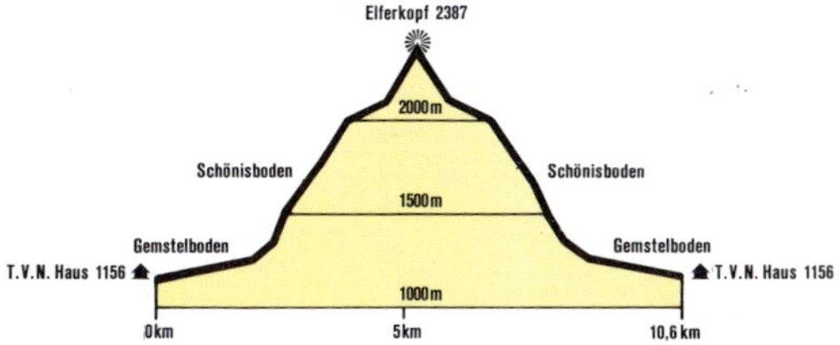

Ausgangspunkt: Mittelberg/Bödmen
Parken: gegenüber T. V. N. Haus
Höhenunterschied: 1.230 m

Wanderzeit: 3 – 4 Std.
Schwierigkeitsgrad: nur für Geübte!

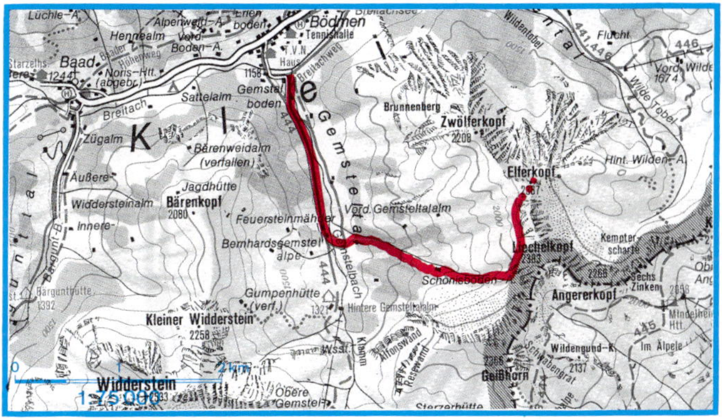

Tourenverlauf: Von der Bushaltestelle in Innerbödmen, vorbei am T. V. N. Haus, spazieren wir über eine Brücke Richtung Gemsteltal. Ein Wegweiser »Hintere Gemsteltalalm, 3/4 Std.« weist uns den Weg. Entlang des Gemstelbaches wandert man über herrliche Wiesen und Weiden bis zur Bernhardsgemstelalpe. Kurz darauf führt der Weg über ein kleines Bächlein. Bei diesem Punkt gehen wir nicht geradeaus weiter, sondern steigen in südöstlicher Richtung (dem Bächlein entlang) hinauf. Nach ca. 200 m stoßen wir auf einen Pfad. Dieser führt in Serpentinen, teilweise durch den Wald, zur Jagdhütte auf dem Schönisboden. Bei guter Fernsicht bietet sich ein herrlicher Rundblick, besonders im Norden auf das Gottesackerplateau und das Walmendinger Horn, dahinter befindet sich der Hohe Ifen. Eine herrliche alpine Flora mit vielen Alpenrosen ist in dieser Gegend anzutreffen. Einer Mulde entlang hinauf, vorbei am Fuße des Liechelkopfes, vorbei am Runde-Köpfle gelangt man, teilweise über glattes Steilgras auf den Elferkopf. Hier bietet sich ein herrlicher Blick ins Wildental hinunter. Der Rückweg erfolgt auf demselben Weg.

㉖ **Bergtour:** Mittelberg – Wildental – Kemptner Kopf, 2.191 m – Mindelheimer Hütte, 2.058 m – Gemsteltal – Bödmen

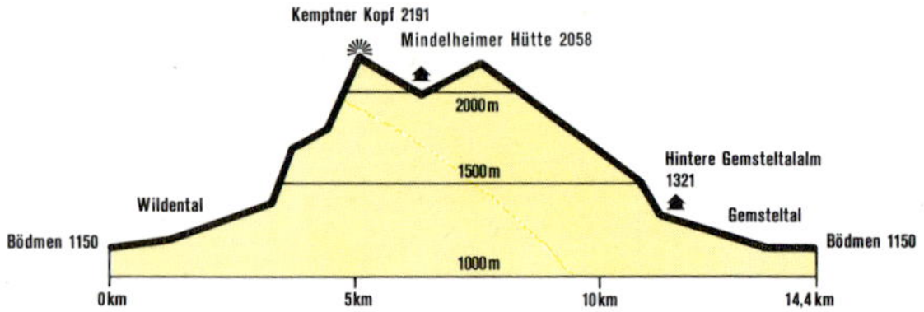

Ausgangspunkt: Mittelberg
Parken: Bödmen
Höhenunterschied: 1.200 m
Wanderzeit: 6–7 Std.

Schwierigkeitsgrad: nur für Geübte!
Einkehr: Mindelheimer Hütte, Hintere Gemsteltalalm

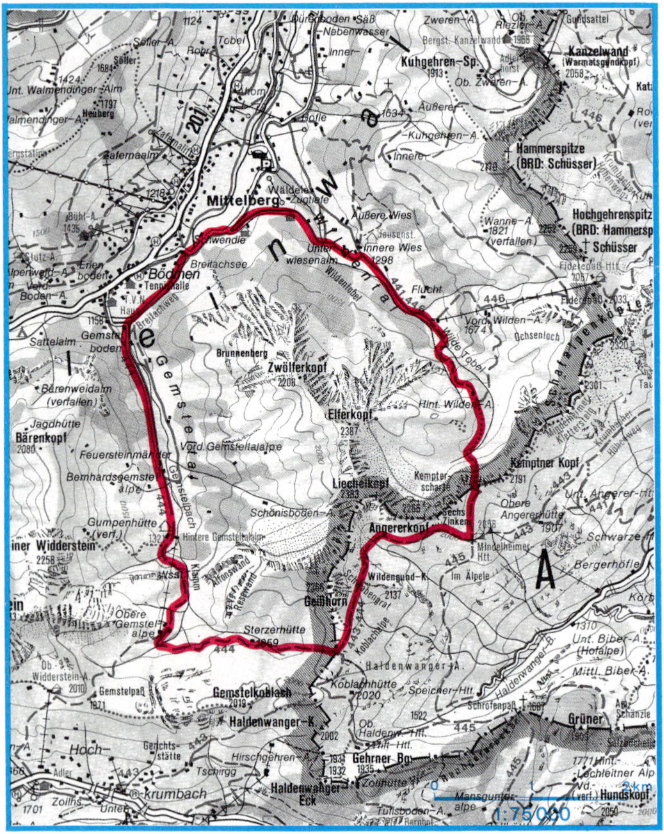

Im Wildental (Hammerspitzen)

Tourenverlauf: Diese Wanderung führt durch das romantische Wildental. Von Bödmen gehen wir Richtung Gemsteltal. Nach der Brücke über die Breitach gehen wir links entlang des Breitachweges (Wegweiser: Wildental). Auf diesem herrlich angelegten Waldweg marschieren wir bis zur Wildentalstraße, auf dieser bis zu einer Straßenverzweigung. Rechts hinauf, am Restaurant Schwendle vorbei gelangt man auf einer Schotterstraße zum Alpengasthof Bergheim und weiter bis zur Unterwiesenalm. Mäßig bergauf erreicht man über die Innere Wies (Jausenstation) die Fluchtalpe. Bei dieser Alpe geht man nicht Richtung Fiderepaß, sondern folgt dem Wegweiser »Mindelheimer Hütte«. Nachdem wir den Wildenbach überquert haben, müssen wir nun ziemlich steil in Serpentinen hinauf zur Hinteren Wildenalpe. Schwierige Passagen sind drahtseilgesichert! Bei der Hinteren Wildenalpe hat man einen herrlichen Blick auf das Walmendinger Horn, auf den Hohen Ifen und das Gottesackerplateau. Im SW sieht man den Bärenkopf, den Kleinen Widderstein und den Widderstein. Von hier aus geht es zuerst über Bergwiesen, und dann steil bergauf in Kehren Richtung Kemptner Kopf. Dieser Teil der Tour, sowie die Besteigung des Kemptner Kopfes erfordern Trittsicherheit und Schwindelfreiheit! Auf dem Grat angekommen, geht es links weg auf dem Mindelheimer Klettersteig auf den Kemptner Kopf. Vorsicht beim Abstieg! Der weitere Weg führt uns nun zur Mindelheimer Hütte. Nachher marschieren wir weiter in westlicher Richtung, vorbei am Angererkopf, hinauf zu einer Scharte, von dort bis zur Abzweigung auf das Geißhorn. Bergab über Weiden kommt man zur Sterzerhütte, zur Oberen Gemstelalpe bis zur Jausenstation Hintere Gemsteltalalm. Von dort auf einem breiten Alpweg hinaus nach Bödmen.

27 **Bergtour:** Riezlern – Kanzelwandbahn – Hammerspitze, 2.259 m

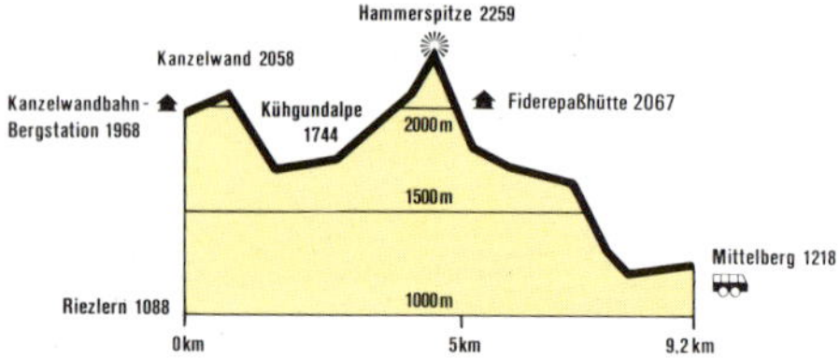

Ausgangspunkt: Riezlern
Parken: Talstation Kanzelwandbahn
Höhenunterschied: 610 m Aufstieg, 1.355 m Abstieg

Wanderzeit: 5–6 Std.
Schwierigkeitsgrad: sehr schwierig! (Seil von Vorteil)
Einkehr: Gh. Adlerhorst, Fiderepaßhütte

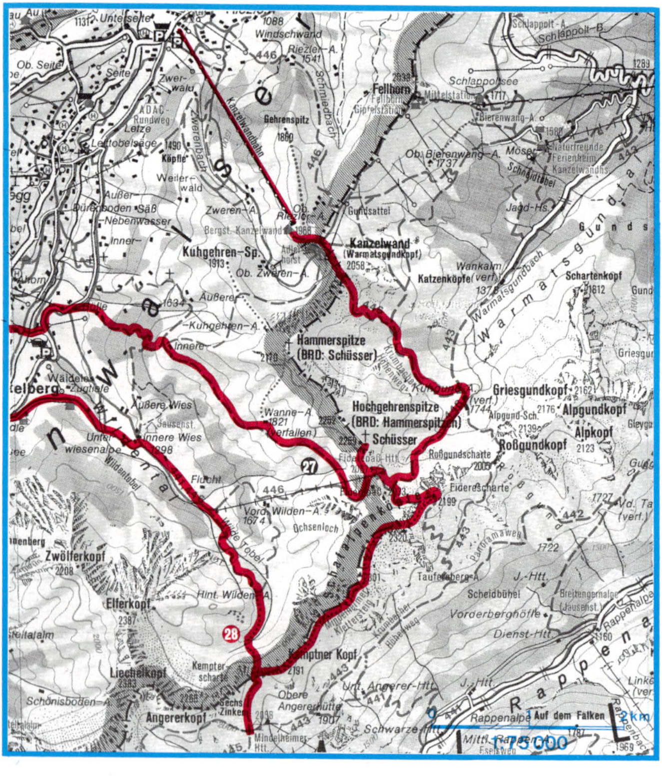

Tourenverlauf: Mit der Kanzelwandbahn fahren wir zur Bergstation und von dort gehen wir zum Gh. Adlerhorst. Der weitere Weg zur Fiderepaßhütte ist in Tour 28 beschrieben.

Von der Fiderepaßhütte (Südostgipfel) steil hinauf auf einen grasigen Grat, der immer schmaler wird. Zuletzt auf einem schroffigen Grat zu einem schwierig zu erkletternden Felskopf. Er kann links umgangen werden; über die westlichen Hänge bis zur Scharte nordwestlich des Gipfels. Vorsicht, sehr gefährlich, da der Fels sehr brüchig ist! Über den Nordwestgipfel gelangt man zum Hauptgipfel (Schwierigkeitsgrad II). Der Abstieg erfolgt wieder über den Nordwestgipfel. Wir biegen dann rechts ab und gehen über Geröll und später über Grasflächen in Richtung Westen zur verfallenen Wannealpe. Über die Innere Kuhgehrenalpe, die Äußere Kuhgehrenalpe kommt man zurück ins Tal.

28 Bergwanderung: Riezlern – Kanzelwandbahn – Fiderepaßhütte – Mindelheimer Hütte

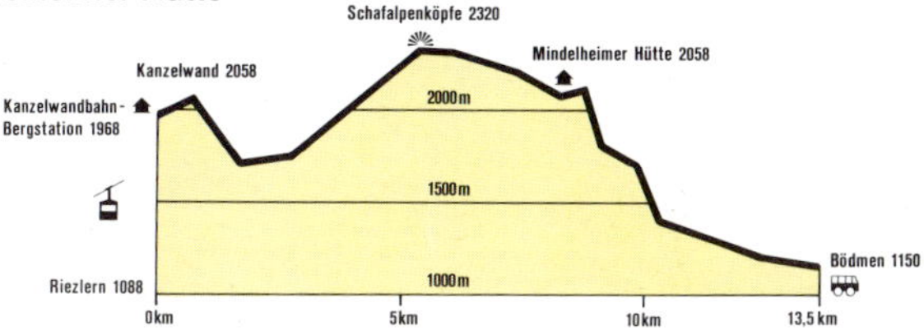

Ausgangspunkt: Riezlern
Parken: Talstation Kanzelwandbahn
Höhenunterschied: 1.120 m
Wanderzeit: 6–7 Std.
Schwierigkeitsgrad: mittel!
Einkehr: Gh. Adlerhorst, Mindelheimer Hütte
Karte: siehe Seite 60

Tourenverlauf: Mit der Kanzelwandbahn bis zur Bergstation und von dort zu Fuß zum Gh. Adlerhorst. Wir halten uns an den Wegweiser »Fiderepaß« und »Mindelheimer Hütte«. Nachdem wir einen kleinen Abstecher auf den Kanzelwandgipfel gemacht haben, wandern wir in südöstlicher Richtung über die »Obere Falkhalde« auf dem Krumbacher Höhenweg bis zur verfallenen Kühgundalpe. Bei dieser Weggabelung halten wir uns rechts und steigen hinauf zur Fiderepaßhütte. Von hier ein kleines Stückchen zurück bis zur Tafel, die uns den Weg zur Mindelheimer Hütte zeigt. Nach einem Schotterfeld kommen wir wiederum zu einer Wegverzweigung. Wenn wir den Weg nehmen, der links weggeht, wandern wir über die Saubuckel auf dem Krumbacher Höhenweg zur Oberen Angererhütte und von dort zur Mindelheimer Hütte. Zweigen wir jedoch rechts ab, kommen wir auf den Mindelheimer Klettersteig. Dieser erfordert neben Trittsicherheit und Schwindelfreiheit ein gutes und festes Schuhwerk. Der schöne Klettersteig ist durch Leitern, Eisengriffe und Seile gesichert. Sollte man die Markierung verloren haben, muß man zurück, bis man sie wieder findet. Man klettert auf und ab bis zum Gipfelkreuz des Kemptner Kopfes. Von dort geht es über einen Grasgrat steil bergab zu einer Scharte. Hier halten wir uns Richtung Mindelheimer Hütte. Der Abstieg kann erfolgen:

a) auf demselben Weg zurück
b) über das Gemsteltal
c) über das Wildental.

29 **Bergwanderung:** Riezlern – Fellhorn, 2.038 m – Söllereck

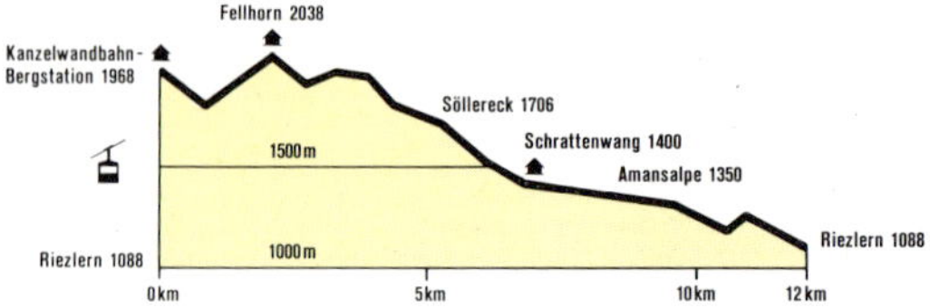

Ausgangspunkt: Riezlern
Parken: Talstation Kanzelwandbahn
Höhenunterschied: 1.150 m
Wanderzeit: 5 Std.

Schwierigkeitsgrad: mittel!
Einkehr: Gh. Adlerhorst, Fellhorn Bergstation, Schrattenwangalpe

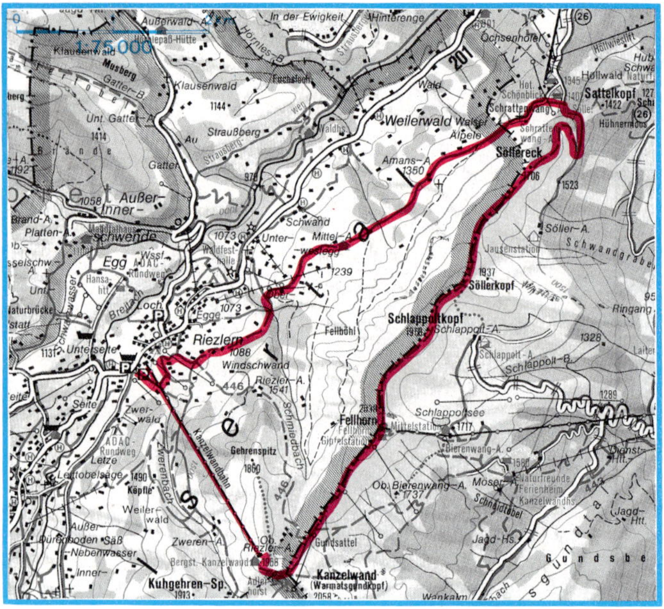

Tourenverlauf: Wir fahren von Riezlern mit der Kanzelwandbahn hinauf zum Gh. Adlerhorst. Ein breiter Pfad führt in nordöstlicher Richtung hinunter zum Gundsattel. Von hier aus marschieren wir hinauf zur Fellhorn-Gipfelstation, die sich kurz vor dem Gipfel befindet. In 1/4 Std. erreicht man von hier aus den Fellhorngipfel. Dem Grat entlang, auf- und abwandernd geht es zum Schlappoltkopf. Den ganzen Weg über genießt man einen herrlichen Rundblick. Der weitere Weg führt zum Söllereck, wobei wir kurz nach dem Schlappoltkopf rechts von uns den Söllerkopf sehen. Durch den Wald gehen wir zum Hotel Schönblick. Hier wendet sich der Weg. Er führt nun weiter in Richtung Südwesten über die Schrattenwangalpe, Amansalpe und die Mittelalpe zurück nach Riezlern.

Hörnertour ▸▸

Hörnergruppe

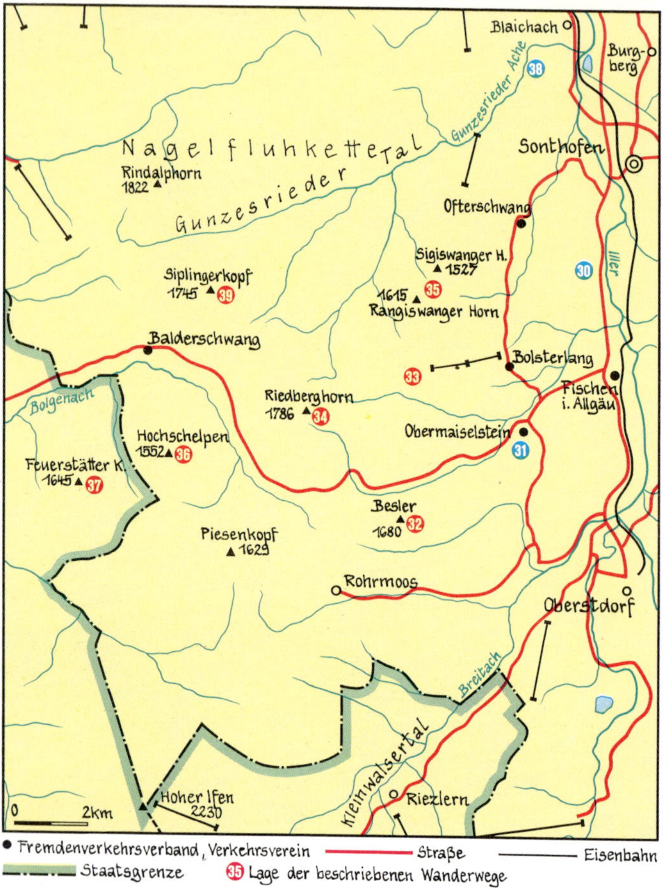

Ortsbeschreibungen:

BALDERSCHWANG

Mitgliedsgemeinde der Verwaltungsgemeinschaft Hörnergruppe, Ldkr. Oberallgäu, Einw.: 200, Höhe: 1.044 m, Postltz.: D-87538. **Auskunft:** Verkehrsamt Balderschwang. **Bahnstation:** Fischen (17 km). Busverbindung mit Fischen und Oberstdorf.

BOLSTERLANG

Mitgliedsgemeinde der Verwaltungsgemeinschaft Hörnergruppe, Ldkr. Oberallgäu, Einw.: 900, Höhe: 892 m, Postltz.: D-87538. **Auskunft:** Verkehrsamt Bolsterlang. **Bahnstation:** Fischen (4 km). Busverbindung mit Oberstdorf und Sonthofen.

Erdbeeren

Als kleiner Ort abseits der Hauptverkehrswege liegt Bolsterlang wie ein Kleinod am Rande der sanften Hügel, die von den »Hörnern« herunterziehen. Diese Hörner, zu denen das Bolsterlanger, Riedberger, Ofterschwanger, Sigiswanger und Rangiswanger Horn zählen, sind mit üppiger Blumenpracht gesegnet, die das Herz des Wanderers erfreuen (Alpenrosenblüte). Aber nicht nur im Sommer und Herbst, wenn die Farbenpracht des herbstlichen Waldes besonders erfreut, sondern gerade im Winter ist Bolsterlang der eigentliche Ausgangspunkt der im Allgäu so bekannten und beliebten »Hörnertour«.

FISCHEN IM ALLGÄU

Sitz der Verwaltungsgemeinschaft Hörnergruppe, Ldkr. Oberallgäu. Einw.: 2.700, Höhe: 761 m, Postltz.: D-87538. **Auskunft:** Kurverwaltung Fischen. **Bahnstation:** im Ort. Busverbindung mit Sonthofen und Oberstdorf.

Ein typisches Beispiel der Allgäuer Landschaft findet man in der Umgebung des anmutigen Ortes Fischen. Umgeben vom Rubihorn und dem Nebelhornmassiv findet man inmitten weiter Almflächen mehrere Weiler und alte Bauernhöfe. Wer in dieser erholsamen Umgebung wandert, dem öffnen sich viele weitere Details, wie Schluchten, welche die Einheimischen Tobel nennen, idyllische Bergseen, schroffe Grattürme und an oft versteckten Orten Jausenstationen, die bei Milch, Butter und Allgäuer Käse zum Verweilen einladen. Der hübsch gelegene Ort zu Füßen des Rubihorns ist eine alte Siedlung, die schon im 9. Jh. als Viskingun erwähnt ist. Die im 12. Jh. geweihte Pfarrkirche St. Verena war bis 1400 die einzige Pfarrkirche im oberen Allgäu.

Sehenswert

Pfarrkirche Fischen mit Empirealtären, Altarbildern von C. Schraudolph und barockem Schnitzwerk. – Barocke **Liebfrauenkapelle** im Friedhof. – **Schöllanger Burg.** Die 1351 bis 1804 benützte, und heute noch gut erhaltene Burgkirche steht in einem ehemaligen Höhenheiligtum. An der Südostseite der Burgkapelle wurde der Erschließer der Breitachklamm, J. Schiebel beigesetzt. – Bemerkenswerte moderne **Evangelische Kirche** von Gsaenger. – Die **Sturmannshöhle.**

OBERMAISELSTEIN

Mitgliedsgemeinde der Verwaltungsgemeinschaft Hörnergruppe, Ldkr. Oberallgäu. Einw.: 590, Höhe: 859 m, Postltz.: D-87538. **Auskunft:** Verkehrsamt Obermaiselstein. **Bahnstation:** Fischen im Allgäu (4 km). Busverbindung über den Riedbergpaß mit Balderschwang, Fischen und Oberstdorf.

Am Zusammenfluß der Schönberger Ach und der Bolgenach liegt der stille Erholungsort Obermaiselstein. Etwa 100 Meter über dem Talboden der Iller gelegen, bietet man dem Besucher vor allem Gastfreundschaft, Ruhe und Erholung inmitten der Allgäuer Gebirgswelt. Breite Wanderwege, die im Winter geräumt sind, führen zu jeder Jahreszeit, vor allem aber im Herbst in das farbenprächtige Bolgenachtal oder in das abgeschiedene Lochbachtal. Von den Erhebungen des Besler oder vom Bolgen öffnet sich der weite Blick ins Gebirge und ins Alpenvorland.

Sehenswert

Ein außergewöhnliches Höhlenabenteuer bietet sich dem Besucher in der **Sturmannshöhle,** südlich von Obermaiselstein. Ein etwa 150 Meter langer Felsspalt führt zu einem Schacht, wo man über 180 Eisenstufen in das Innere des Berges absteigen kann. 60 Meter tief befindet man sich dann im Höhlenrachen und bestaunt den mächtigen Felsdom, der sich wie eine Kuppel über der unwirklichen Szenerie wölbt. Das Ergebnis der Erosionstätigkeit des Wassers war ein 25 Meter langer See, der sich aber in den letzten Jahren verlaufen hat.

OFTERSCHWANG

Mitgliedsgemeinde der Verwaltungsgemeinschaft Hörnergruppe, Ldkr. Oberallgäu. Einw.: 1.600, Höhe: 864 – 1.500 m, Postltz.: D-87527. **Auskunft:** Verkehrsamt Ofterschwang. **Bahnstation:** Sonthofen (4 km). Busverbindung mit Sonthofen und Bolsterlang.

Ofterschwang ist ein freundliches Dörfchen auf der Höhenterrasse westlich der Iller zwischen Gunzesried und Bolsterlang zu Füßen des Skigipfels Ofterschwanger Horn, 1.406 m, mit seinen Schleppliftanlagen: im Winter rassige Pisten, im Sommer beschauliche Wanderungen in den aus Wald und Wiesen zusammengesetzten Bergen der Hörnerkette. Im Osten der Siedlung liegt das Naturschutzgebiet des Tiefenberger Mooses. Außerdem besitzt Ofterschwang das Kurhotel Sonnenalp mit Moorbädern, ein Hallenbad und beheiztes Freibad, und einen Golfplatz.

30 **Wanderung:** Fischen/Weiler – Tiefenberg – Sonnenalp – Muderpolz – Weiler

Ausgangspunkt: Fischen
Parken: Weiler
Höhenunterschied: gering
Wanderzeit: $2^{1}/_{2}$ Std.
Schwierigkeitsgrad: leicht!
Einkehr: im Ort

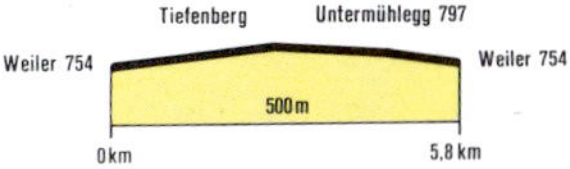

Tourenverlauf: Herrliche, leichte Wanderung mit geringen Höhenunterschieden, die besonders für ältere Wanderer und Familien mit kleinen Kindern geeignet ist. Vom Ortsteil Weiler in Fischen im Allgäu wandert man auf einem Fußweg nach Tiefenberg. Von Tiefenberg in westlicher Richtung in die Nähe des Kurhotels Sonnenalp. Wir zweigen nicht rechts ab nach Schweineberg, sondern spazieren geradeaus weiter nach Muderpolz. In Richtung Süden, vorbei am Golfplatz (links haltend – rechts geht es nach Sigiswang) kommt man über Dietrichs nach Untermühlegg, vorbei an der St. Anna Kapelle und zurück nach Weiler. Im 45 km langen Spazierwegenetz von Fischen hat man noch viele Möglichkeiten. Hier wurde nur eine Kostprobe herausgenommen.

31 **Wanderung:** Fischen – Sturmannshöhle – Obermaiselstein – Bolsterlang – Fischen

Ausgangspunkt: Fischen
Parken: im Ort
Höhenunterschied: 132 m
Wanderzeit: 4 Std.
Schwierigkeitsgrad: leicht!
Einkehr: Gh. Sturmannshöhle, in den jeweiligen Orten

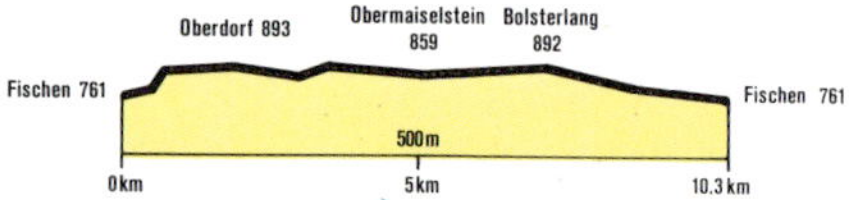

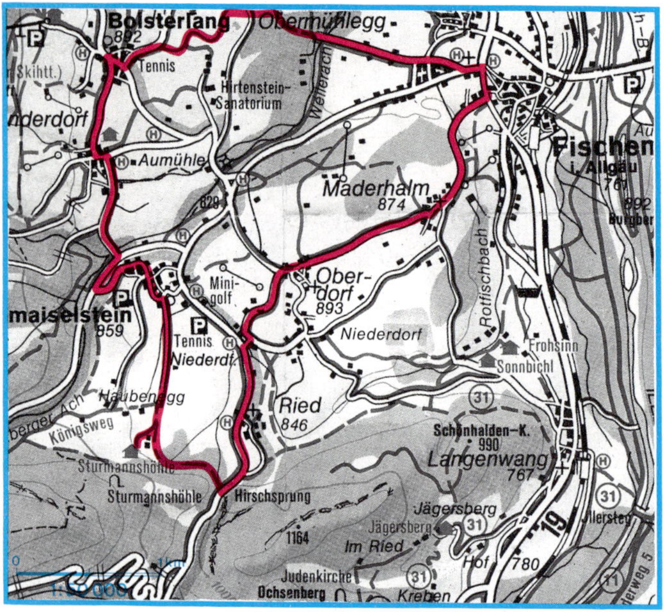

Tourenverlauf: Von Fischen in den Ortsteil Maderhalm. Dort entlang der Straße nach Oberdorf. Wir gehen nun links hinunter und wandern am Weg bis zum Hirschsprung. Hier zeigt uns ein Wegweiser den Weg zur Sturmannshöhle. Über einen schattigen Waldweg erreichen wir sie in 1/4 Std. Der Name kommt von Sturmatz, was Lärm – Getöse bedeutet. Ca. 180 Stufen führen über Fels oder eiserne Treppen durch die Höhle. 280 m kann man auf einem Pfad ins Innere des Schwarzenbergs eindringen. Ein 60 m langer Stollen führt zum Kreuzeck und durch das Törl in eine Spalthöhle. Durch das Drachentor gelangt man in die Schachthöhle. Der Weg endet im beleuchteten Höhlenkessel.

Nach diesem eindrucksvollen Erlebnis wandern wir über den Wiesenweg nach Obermaiselstein. Wir gehen bis zur Riedbergpaßstraße, überqueren diese, sowie die Weilerach und marschieren nach Sonderdorf und weiter nach Bolsterlang. Hier biegen wir gleich am Ortsanfang rechts ab und wandern über Obermühlegg nach Fischen zurück.

32 **Bergwanderung:** Obermaiselstein – Besler, 1.680 m

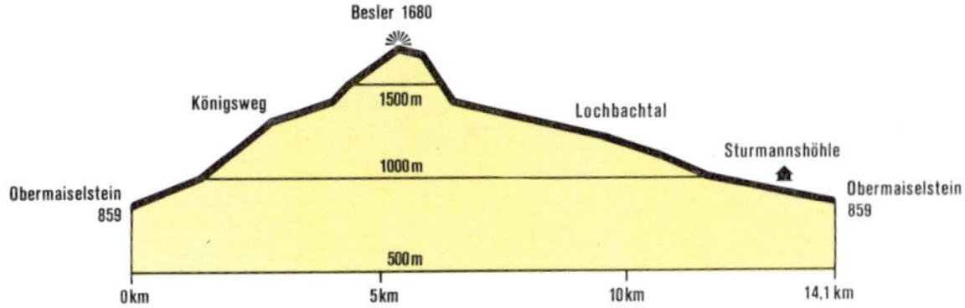

Ausgangspunkt: Obermaiselstein
Parken: im Ort
Höhenunterschied: 821 m

Wanderzeit: 6 Std.
Schwierigkeitsgrad: mittel!
Einkehr: Obermaiselstein

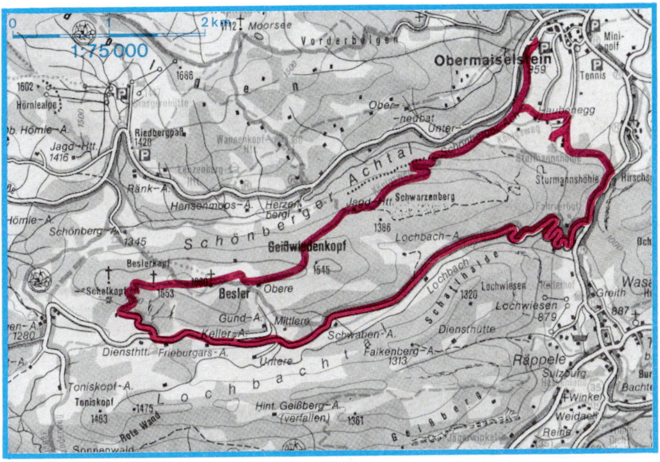

Tourenverlauf: Von Obermaiselstein vorbei an der alten Kirche in Richtung Haubenegg. Dort beginnt nun der vom Bayernkönig Max II. angelegte Reitweg, der sogenannte Königsweg, der leicht ansteigend in einigen Schleifen zu den Jagdhütten am Schwarzenberg führt. Wir wandern westlich des Geißwiedenkopfes vorbei, überqueren den Kamm und gelangen zur Oberen Gundalpe. Hier teilen sich die Wege. Wir marschieren weiter in westlicher Richtung. Ein ca. 30 m hoher Klettersteig erfordert Schwindelfreiheit und Trittsicherheit. Dieser Weg führt uns drahtseilgesichert auf den Gipfel. Es führt auch ein leichter Weg um den Gipfel herum. Vom Gipfel hat man einen herrlichen Rundblick. Auf dem Rückweg wandern wir entlang des Kammes bis zum Beslerkopf und steigen von dort hinunter zur Frieburgarsalpe, die sich im Lochbachtal befindet, ab. Durch dieses Tal wandert man zur Unteren Gundalpe. Weiter talauswärts kommt man zur Tiefenbacherstraße und später zum Hirschsprung. Dort biegen wir nach links ab und wandern über die Sturmannshöhle zum Ausgangspunkt zurück.

33 **Bergwanderung:** Bolsterlang – Hörnergrat – Riedberghorn, 1.786 m – Sonderdorf/Bolsterlang

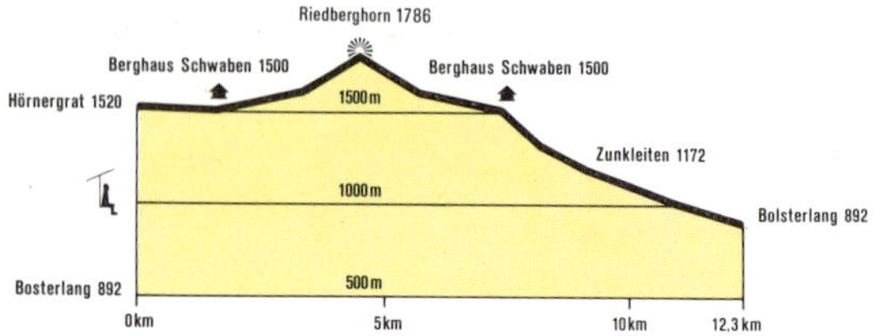

Ausgangspunkt: Bolsterlang
Parken: im Ort
Höhenunterschied: 266 m Aufstieg, 900 m Abstieg

Wanderzeit: 3½ Std.
Schwierigkeitsgrad: mittel!
Einkehr: Hörnerhaus, Berghaus Schwaben
Karte: siehe Seite 75

Tourenverlauf: Mit der Hörnerbahn von Bolsterlang in zwei Sektionen zum Hörnergrat. An den Südhängen des Weiherkopfes und des Großen Ochsenkopfes wandert man Richtung Westen zum Berghaus Schwaben. Teilweise über feuchte Bergwiesen gelangt man aufs Riedberghorn. Herrlicher Blick auf den Bodenseeraum bis hin zum Schwarzwald, in den Bregenzerwald und die Schweizer Berge, und vor allem auf die Allgäuer Alpen bis zu den Zentralalpen. Der Abstieg erfolgt in Richtung Berghaus Schwaben. Kurz vor diesem biegen wir zur Hintereckalpe ab. Von hier hinunter ins Bolgental. Weiter unten treffen wir auf die Alpe Zunkleiten. Der Bolgenach folgend und sie später zweimal überquerend, gelangt man nach Sonderdorf. Von hier zurück zum Parkplatz der Hörnerbahn.
Anmerkung: Eine andere Möglichkeit wäre, vom Riedberghorn zur Grasgehrenhütte und von dieser hinunter zur Bushaltestelle beim Riedbergpaß zu gehen. Zurück mit dem Bus nach Bolsterlang.

Eine Bitte:
Nimm Deine Abfälle wieder mit nach Hause!

Obermaiselstein

34 **Bergwanderung:** Obermaiselstein – Grasgehrenhütte – Riedberghorn, 1.786 m

Ausgangspunkt: Obermaiselstein
Parken: bei der Grasgehrenhütte
Höhenunterschied: 410 m
Wanderzeit: 3 Std.
Schwierigkeitsgrad: mittel!
Einkehr: Grasgehrenhütte
Karte: siehe Seite 75

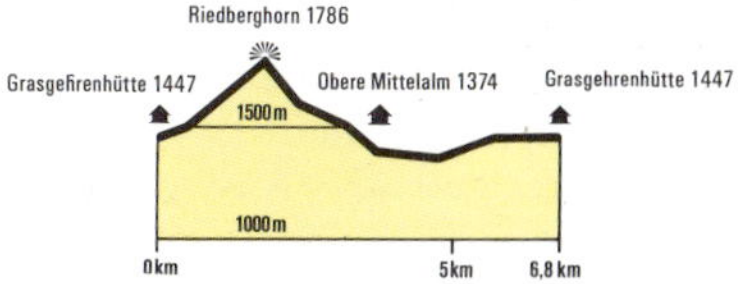

Tourenverlauf: Auf der Riedbergstraße von Obermaiselstein kommend zweigen wir am Riedbergpaß rechts zur Grasgehrenhütte ab. Es besteht auch die Möglichkeit, das Auto auf dem Parkplatz am Riedbergpaß abzustellen oder mit dem Autobus zum Riedbergpaß zu fahren.
Von der Grasgehrenhütte queren wir den Lift und wandern in nördlicher Richtung auf dem Oberallgäuer Rundwanderweg über die Hänge des Bolgen hinauf zum Kamm, und von dort in Kehren zum Gipfelkreuz des Riedberghornes. Wer nicht auf demselben Weg zurückgehen will, geht nun weiter, in westlicher Richtung, wobei wir den Oberallgäuer Rundwanderweg verlassen. Haben wir eine topographische Karte bei uns, so sehen wir auf ihr den Punkt 1.599, bei welchem wir links abbiegen. Nachdem wir einen kleinen Wald passiert haben, gehen wir nicht links weiter, sondern rechts hinunter zur Oberen Mittelalm. Hier treffen wir auf einen Güterweg. Dieser führt in südwestlicher Richtung zur Oberen Hörnlealpe bis hinunter zur Riedbergstraße.

35 **Bergwanderung:** Panoramaweg über die Hörner

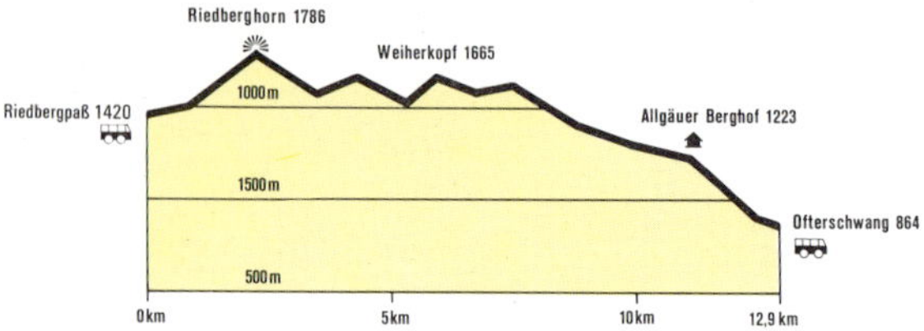

Ausgangspunkt: Obermaiselstein
Parken: im Ort
Höhenunterschied: 536 m Aufstieg, 1.122 m Abstieg

Wanderzeit: 5 – 6 Std.
Schwierigkeitsgrad: mittel!
Einkehr: Grasgehrenhütte, Allgäuer Berghof

Tourenverlauf: Auf der Riedbergstraße von Obermaiselstein kommend zweigen wir am Riedbergpaß rechts zur Grasgehrenhütte ab. Es besteht auch die Möglichkeit, das Auto auf dem Parkplatz am Riedbergpaß abzustellen oder mit dem Autobus (bei dieser Tour wohl am geeignetsten) zum Riedbergpaß zu fahren. Von der Grasgehrenalpe wandern wir in nördlicher Richtung auf dem Oberallgäuer Rundwanderweg über die Hänge des Bolgen hinauf zum Kamm, und von dort in Kehren zum Gipfelkreuz des Riedberghornes. Auf dem Panoramaweg wandern wir weiter zum Großen Ochsenkopf, und weiter zum Weiherkopf. Man hat auch die Möglichkeit, von Bolsterlang mit der Hörnerbahn zum Hörnerhaus zu fahren, und von dort in Kehren hinauf zum

Steinböcke

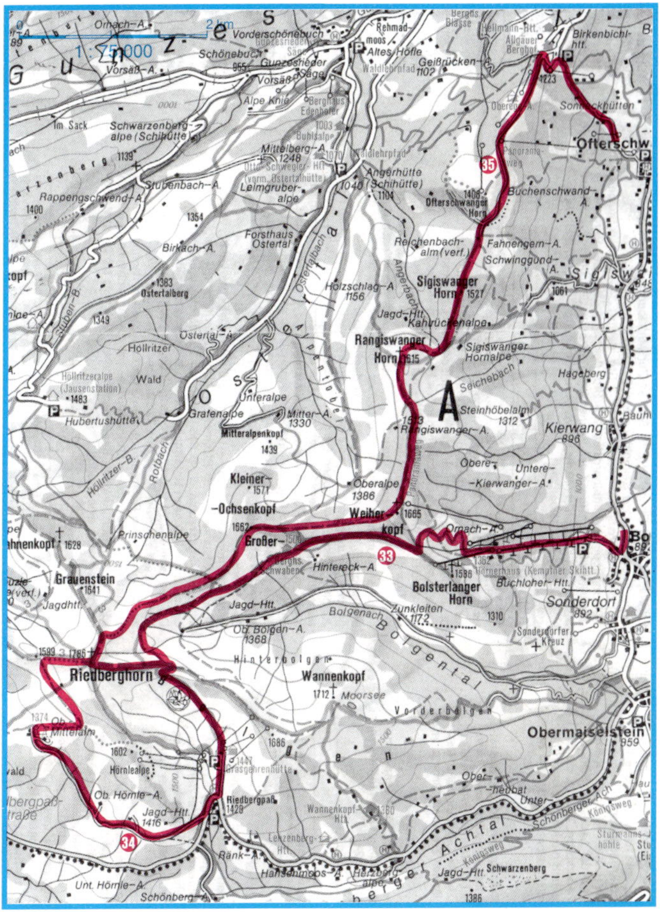

Weiherkopf zu gelangen. Dadurch würde man über 2 Stunden Gehzeit einsparen. Weiter über Weideflächen zum Rangiswanger Horn. Bergab, dann wiederum leicht bergauf erreicht man das Sigiswanger Horn. Von hier geht es hinunter zu einem Sattel, dann wiederum bergan zum Ofterschwanger Horn. Über die Obereggalpe gelangt man zum Allgäuer Berghof.

Man hat hier die Möglichkeiten:

a) hinunter nach Gunzesried
b) in südöstlicher Richtung über die Sonneckhütten nach Ofterschwang (Busverbindung). Empfehlenswert!

36 **Bergwanderung:** Rohrmoos – Piesenkopf, 1.629 m – Hochschelpen, 1.552 m – Balderschwang

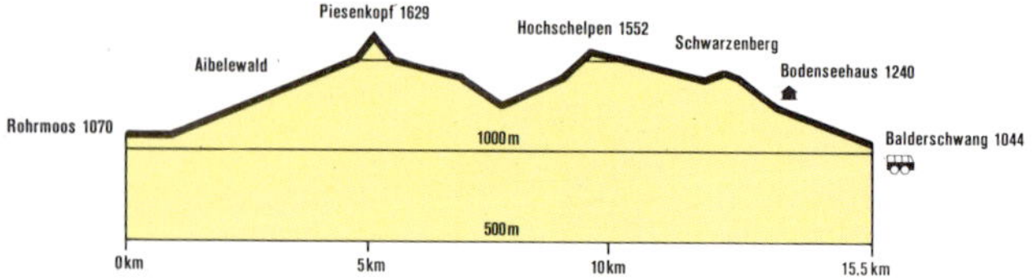

Ausgangspunkt: Fischen
Parken: Rohrmoos (Mautstraße)
Höhenunterschied: 859 m

Wanderzeit: 5 Std., von Tiefenbach 7 Std.
Schwierigkeitsgrad: mittel!
Einkehr: Bodenseehaus

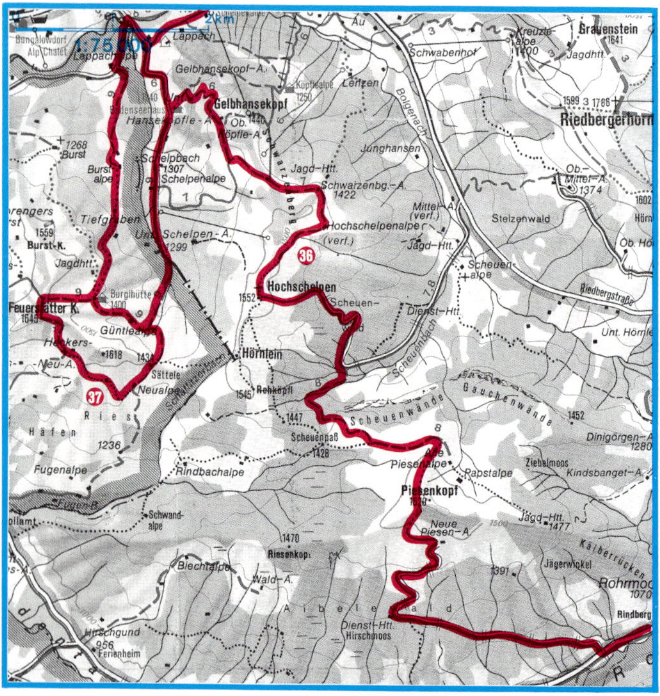

Tourenverlauf: Wir fahren mit dem Auto auf der Mautstraße nach Rohrmoos oder gehen ab Tiefenbach in ca. 1¼ Std. zu diesem Ausgangspunkt. Von hier wandern wir noch einen Kilometer auf der Fahrstraße, biegen dann rechts auf einen Forstweg ab. Dieses feuchte Gebiet erfordert gutes Schuhwerk.

Bei der Diensthütte gehen wir in Serpentinen hinauf, teilweise über Almweiden zur Neuen Piesenalpe. Hier sehen wir schon den Piesenkopf vor uns. Wir marschieren weiter, an einer Holzkapelle vorbei hinauf zum Gipfel.
Der Abstieg erfolgt hinunter zur Alten Piesenalpe. Dort gehen wir in Richtung Westen weiter zum Scheuenpaß. Durch viele Tobel führt uns der Weg durch den Wald. Beim Rehköpfl lichtet sich dieser und über die verfallene Roßschelpenalpe kommen wir über Almwiesen zum Hochschelpen, bei dessen Gipfelkreuz wir eine großartige Rundsicht haben. Der weitere markierte Weg führt über den Schwarzenberg zum Bodenseehaus. Nach Balderschwang/Gschwend hinaus sind es nur noch knappe zwei Kilometer auf der Fahrstraße.

37 **Bergwanderung:** Balderschwang – Feuerstätter Kopf, 1.645 m – Burglhütte

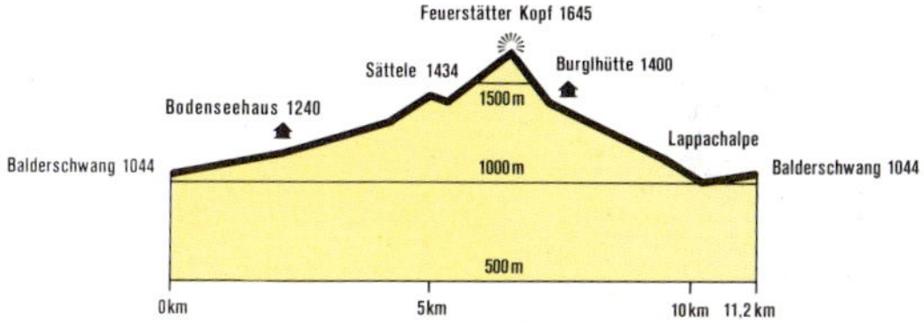

Ausgangspunkt: Balderschwang
Parken: im Ort
Höhenunterschied: 600 m
Wanderzeit: 4–5 Std.

Schwierigkeitsgrad: mittel!
Einkehr: Bodenseehaus, Burglhütte
Karte: siehe Seite 76

Tourenverlauf: Von Balderschwang in der Nähe der Kirche führt ein Weg Richtung Schelpenalpe. Wir lassen diese jedoch rechts liegen und wandern über Höfle, vorbei am Skilift auf den Gelbhansekopf, hinauf zum Bodenseehaus. Von diesem vorbei an Weideflächen zur Schelpenalpe und weiter zur Unteren Schelpenalpe, die an der österreichischen Grenze liegt. Nun auf österreichischem Boden in südlicher Richtung zum Sättele. Wir steigen ab zur Neualpe und über Weiden, später nordwestlich ansteigend auf den Feuerstätter Kopf. Dieser beherrscht die Landschaft zwischen Balderschwang und Sibratsgfäll. Seine höchsten Grate und Köpfe – seine drei nach Norden zum Burstkopf, nach Osten zum Neualpkopf und nach Westen zum Hochrieskopf absinkende Kämme – sind bewaldet.
Der Abstieg erfolgt in Richtung Norden, dann abzweigend Richtung Osten zur Burglhütte.
Es besteht nun die Möglichkeit, weiter in östlicher Richtung zur Güntlealpe zu gehen und auf dem Aufstiegsweg zurück nach Balderschwang zu gelangen.
Die zweite Variante, sicher auch die interessantere, ist, von der Burglhütte in Richtung Norden zur Burstalpe und über Wiesen und Weiden zur Lappachalpe. Wir überschreiten abermals die Bundesgrenze und befinden uns in Balderschwang. (Ausweis mitnehmen!)

38 **Wanderung:** Gunzesried – Blaichach – Gunzesried

Ausgangspunkt: Gunzesried
Parken: im Ort
Höhenunterschied: 150 m
Wanderzeit: 2 1/2 Std.
Schwierigkeitsgrad: leicht!
Einkehr: im Ort

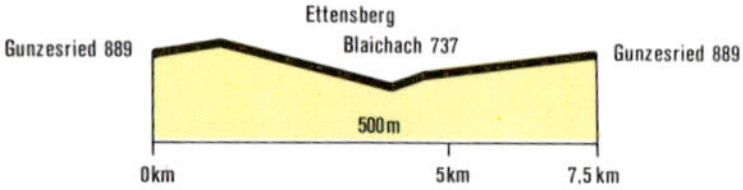

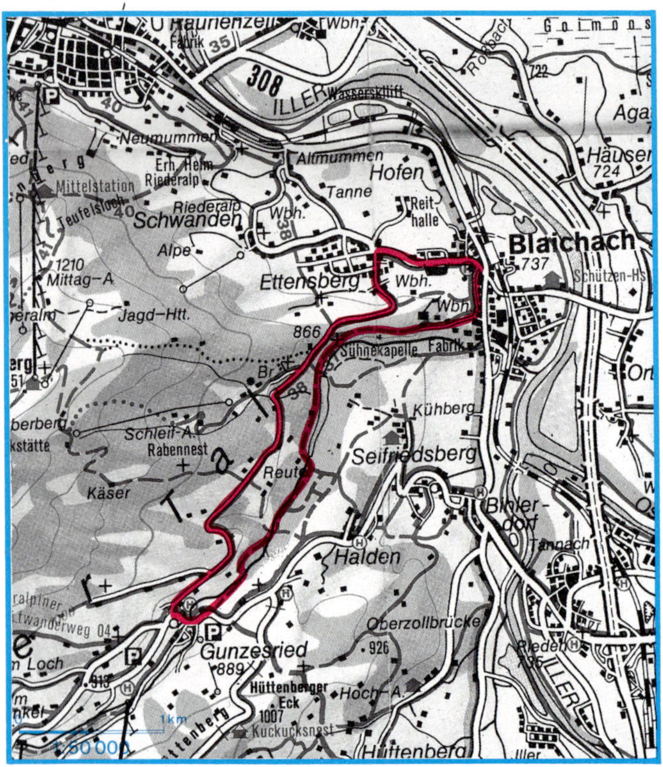

Tourenverlauf: Im Gebiet von Blaichach/Gunzesried kann man unzählige Spaziergänge und Wanderungen machen. In der Ortsmitte von Gunzesried auf einer geteerten Straße, die jedoch nicht sehr befahren ist, aufwärts. Die Straße führt durch den Wald, über Wiesen und Weiden nach Ettensberg und von dort nach Blaichach. Diese Wanderung ist besonders für ältere Menschen oder solche Wanderer zu empfehlen, die keine großen Höhenunterschiede bewältigen wollen.
Der Rückweg erfolgt von Blaichach in westlicher Richtung zur Sühnekapelle. Von dieser in südlicher Richtung der Gunzesrieder Ache folgend durch das romantische Gunzesrieder Tobel über Wiesen zurück nach Gunzesried.

39 **Bergwanderung:** Gunzesrieder Tal – Hintere Aualpe – Siplingerkopf, 1.745 m

Ausgangspunkt: Gunzesried
Parken: Hintere Aualpe (Mautstraße)
Höhenunterschied: 700 m
Wanderzeit: 3–4 Std.
Schwierigkeitsgrad: mittel!

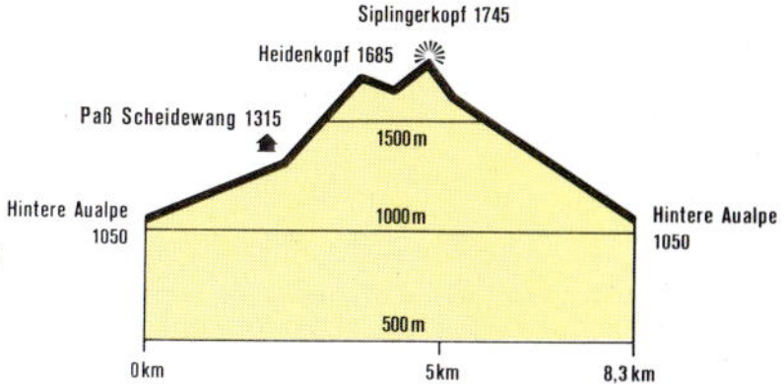

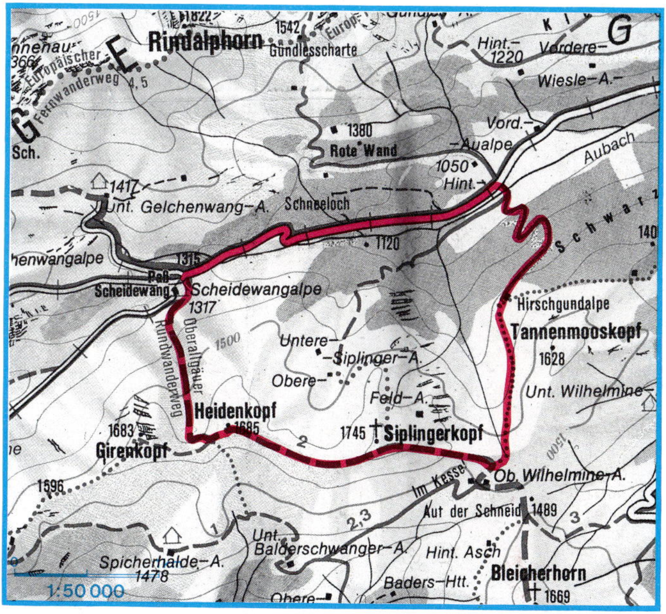

Tourenverlauf: Mit dem Auto fährt man von Seifriedsberg Richtung Gunzesrieder Säge. Über eine Mautstraße kann man zur Hinteren Aualpe, unserem Ausgangspunkt fahren. Auf dem Alpweg in Richtung Westen wandern wir zum Paß Scheidewang. In südlicher Richtung auf dem Oberallgäuer Rundwanderweg auf den Heidenkopf. Auf einem Grat geht man nun mit äußerster Vorsicht zum Siplingerkopf. Der Siplingerkopf gehört zu den Nagelfluhbergen.
Der Abstieg erfolgt Richtung Obere Wilhelminealpe. In nördlicher Richtung wandernd, links vorbei am Tannenmooskopf, erreicht man die Hirschgundalpe. Von hier sieht man die sogenannte Siplinger-Nadel, einen schwierig zu erkletternden Nagelfluhturm.
Durch den Wald, dann den Aubach überquerend, kommen wir zurück zur Hinteren Aualpe.

Iseler mit Hindelang ▸▸

Grünten – Hindelang – Ostrachtal

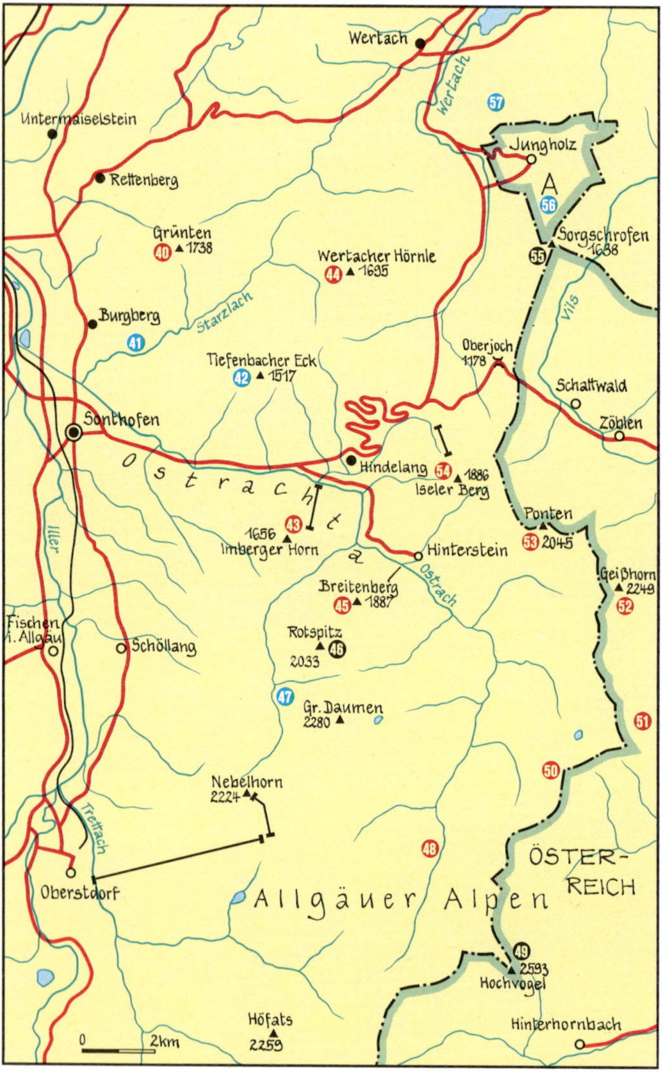

● Fremdenverkehrsverband, Verkehrsverein — Straße — Eisenbahn — Staatsgrenze (40) Lage der beschriebenen Wanderwege

Ortsbeschreibungen:

BURGBERG IM ALLGÄU

Mitgliedsgemeinde einer Verwaltungsgemeinschaft, Ldkr. Oberallgäu, Einw.: 2.200, Höhe: 751 m, Postltz.: D-87545. **Auskunft:** Verkehrsamt Burgberg im Allgäu. **Bahnstation:** Sonthofen (4 km). Busverbindung mit Sonthofen.

Burgberg liegt am Südhang des Grünten und ist durch die günstige Höhenlage auch für Herzkranke erholsam. Erholungsgebiet »Großer Wald«. Geologisch interessant ist eine Wanderung durch die Starzlachklamm. Burgberg ist Ausgangspunkt zur Besteigung des Grünten, 1.738 m. Der Anstieg von Burgberg aus ist leicht und lohnend, die Aussicht vom Gipfel überaus eindrucksvoll. Am Gipfel Fernsehturm und Jägerdenkmal für die Gefallenen der beiden Kriege. In 1.535 m Höhe steht das Grüntenhaus, das auf eine über hundertjährige Tradition zurückblicken kann.

Sehenswert
Pfarrkirche mit Deckengemälde der Ungarnschlacht auf dem Lechfeld.

HINDELANG

Marktgemeinde, Ldkr. Oberallgäu, Einw.: 4.800, Höhe: 825 m, Postltz.: D-87541. **Auskunft:** Kurverwaltung Hindelang. **Bahnstation:** Sonthofen (7 km). Busverbindung mit Sonthofen, Tannheim, Hinterstein.
Bergbahnen: Sessel- und Schlepplifte.

Hindelang ist der Hauptort des Ostrachtales und sowohl heilklimatischer Kurort als auch Kneippkurort. Außer vielen Hotels, Kurheimen und Pensionen besitzt Hindelang das größte und modernste Hotel des gesamten Allgäus. Noch im Jahre 1900 war es Mittelpunkt der ehemaligen Allgäuer Rüstungsindustrie, ein rauchendes Hochtal mit zahlreichen Eisenhämmern. Selbst die Reichsarmee und die Schweizer Söldner wurden von hier aus beliefert. Das Hindelanger Rathaus war einst ein Jagdschloß der Fürstbischöfe von Augsburg. Der Prinzregent Luitpold von Bayern war Jagdgast in Hindelang bis zu seinem Tode. Zur Gemeinde und zum Kurgebiet Hindelang gehören auch Bad Oberdorf (Schwefelbäder), mit dem Hindelang schon fast zusammengewachsen ist. Hinterstein im oberen, engeren Teil des Ostrachtales, das hochgelegene Oberjoch am Übergang in das zu Tirol gehörende Tannheimer Tal und die Ortschaft Unterjoch.

Sehenswert
Spätgotischer Schnitzaltar von Jörg Lederer, 1519, und **Muttergottesbild von Hans Holbein d. Ä.,** 1493, in der Kirche von Bad Oberdorf, die aus den Jahren vor dem 2. Weltkrieg stammt. – Die reizvolle **Rokokokirche** in Liebenstein mit spätgotischen Schnitzfiguren. – Die **evangelische Kirche** in Hindelang mit schönem Rokokostuck und Gemälden von Rudolf Schäfer. – Die alten **Hammerschmieden** bei Bad Oberdorf, von denen einige noch heute in Betrieb sind, eindrucksvolle hölzerne Mechaniken der Hämmer und Wasserräder. – In den **Kapellen** von Vorderhindelang, Gailenberg, Oberjoch und Hinterstein Rokokoaltärchen und zahlreiche andere Kunstwerke.

RETTENBERG

Gde. Ldkr. Oberallgäu, Einw.: 2.700, Höhe: 806 m, Postltz.: D-87549. **Auskunft:** Fremden-Verkehrsamt Rettenberg. **Bahnstation:** Immenstadt (7 km). Busverbindung mit Immenstadt und Wertach.

Das Gebiet um Rettenberg und das nahe Kranzegg ist ein Dorado der Skifahrer. Eine große Anzahl von Liften für Abfahrten aller Schwierigkeitsgrade steht zur Verfügung. Der 1.738 m hohe Grünten ist als einziger höherer Gipfel, umgeben von Waldbergen, den Allgäuer Alpen vorgelagert und damit zum Aussichtsberg prädestiniert. Die Aussicht umfaßt die gesamten Allgäuer Alpen, die Zugspitze, den Bodensee und bei sehr klarem Wetter kann man sogar das Ulmer Münster ausmachen.

Sehenswert

Die **Pfarrkirche.** – Die **Starzlachklamm** bei Burgberg (5 km).

SONTHOFEN

Kreisstadt, Ldkr. Oberallgäu, Einw.: 18.000, Höhe: 742 m, Postltz.: D-87527. **Auskunft:** Verkehrsamt Sonthofen. **Bahnstation:** Sonthofen. Busverbindung mit Oberstdorf, Immenstadt und Hindelang.

Sonthofen ist die südlichst gelegene Stadt der Bundesrepublik. Zwischen Iller und Ostrach gelegen, bietet sie einen malerischen Anblick von jeder Seite. Der Name des Ortes wird um 1145 erwähnt als Sunthoven, d. s. die südlichen Höfe. Seit 1429 Markt, seit 1963 Stadt und Sitz des Landratsamtes Oberallgäu. Mehrere Brände in früheren Jahrzehnten haben von dem alten Stadtbild nicht mehr viel übrig gelassen. 1945 erlitt die Pfarrkirche Bombenschaden. Zum Stadtbild gehört die ehemalige nationalsozialistische »Ordensburg«, die jetzt der Bundeswehr dient. Auf Grund seiner Lage ist Sonthofen Ausgangsort für Fahrten und Wanderungen sowohl ins Ostrach- als auch ins Illertal.

Sehenswert

Der **Strigel-Altar** aus dem Jahre 1438 in Berghofen (1 km). – Die **Kapelle in Margarethen** mit **frühgotischen Plastiken** (um 1400). – **Multscher Madonna** in der Kapelle von Imberg aus dem Jahre 1460. – Die **Starzlachklamm,** eindrucksvolle Felsschlucht bei Burgberg. – Die **Rokokokirche** in Liebenstein mit spätgotischen Schnitzfiguren (im Ostrachtal, 2,5 km vor Hindelang). – Das **Heimatmuseum** in Sonthofen.

UNTERMAISELSTEIN

Ortsteil der Gemeinde Rettenberg, Ldkr. Oberallgäu. Einw.: 700, Höhe 732 m, Postltz.: D-87549. **Auskunft:** Verkehrsamt Rettenberg. **Bahnstation:** Immenstadt (3 km). Busverbindung mit Immenstadt und Rottach.

Untermaiselstein liegt im Illertal nördlich von Immenstadt, ein kleiner Ort, abseits des Verkehrs. Im Osten wird er vom Höhenzug des Falkensteins, 1.118 m, überragt, der vom benachbarten Rettenberg, dem Talort der Grüntenbahn, nordwärts zieht. Auch der Alpsee mit seinen vielfältigen Wassersportmöglichkeiten ist nicht fern.

Sonthofen

WERTACH

Mitgliedsgemeinde einer Verwaltungsgemeinschaft, Ldkr. Oberallgäu, Einw.: 1.600, Höhe 895 m, Postltz.: D-87497. **Auskunft:** Touristinformation Wertach. **Bahnstation:** Wertach-Haslach (7 km). Busverbindung zum Bahnhof, mit Füssen und Immenstadt.

Wo die Wertach aus dem Gebirge ins weite Tal austritt, liegt die gleichnamige Ortschaft. Sommerfrische und Wintersportplatz in einem. Die »Deutsche Alpenstraße« (B 310) führt unmittelbar vorbei. Durch die herrliche Tallage sind für kleinere und größere Wanderungen viele Möglichkeiten vorhanden.

Sehenswert

Sebastianskapelle (Pestkapelle), im Stil der berühmten Wieskirche gebaut. – **Pfarrkirche,** 1893 nach einem Brand erneuert. – **Hammerschmiede** aus dem Mittelalter. – **Heimatmuseum.**

Wanderungen und Bergtouren im Gebiet Grünten, Hindelang und Ostrachtal

40 **Bergwanderung:** Burgberg – Grünten – Übelhorn, 1.738 m

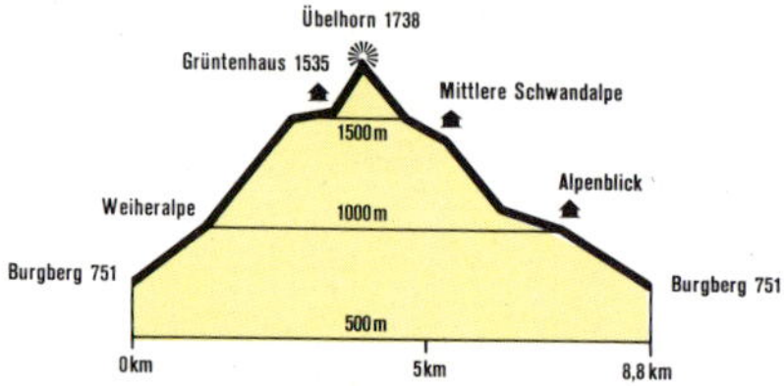

Ausgangspunkt: Burgberg
Parken: im Ort
Höhenunterschied: 990 m
Wanderzeit: 4–4¹/₂ Std.
Schwierigkeitsgrad: mittel!
Einkehr: Grüntenhaus, Mittlere Schwandalpe

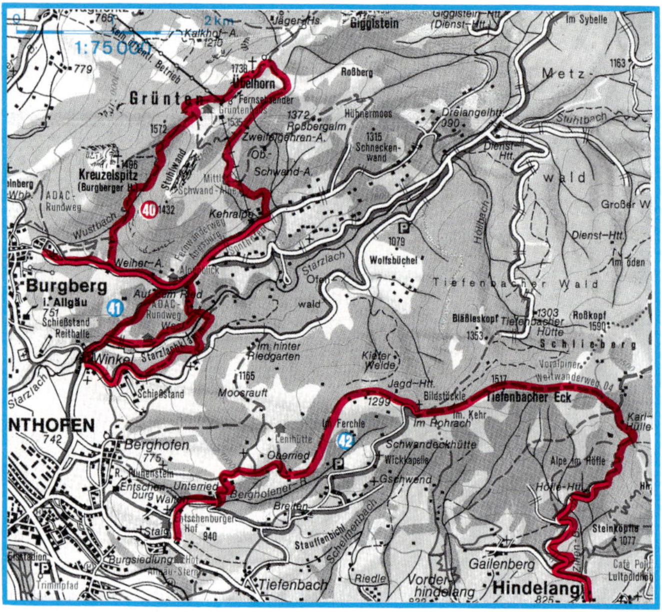

Tourenverlauf: Vom Gasthof Löwen in Burgberg folgen wir dem Wegweiser »Grünten«, bis zur Weiheralpe. Dort biegen wir links von der Straße ab. Nun führt der markierte Pfad zum Grünten. Über eine Wiese, dann durch die bewaldete Schlucht des Wustbaches steil bergauf gelangt man zum Grüntenhaus. Schon König Max II. bestieg im Sommer 1858 den Grünten. Auf dem Grünten befindet sich der 92 m hohe Sendeturm des Bayerischen Rundfunks und die Bergstation der Seilbahn. Der höchste Punkt ist das Übelhorn, mit dem Gebirgsjägerdenkmal. Der Abstieg erfolgt vom Übelhorn auf die Südseite, zuerst Richtung Grüntenalpe. Beim Lift nehmen wir jedoch den Weg, der rechts weggeht und zur Zweifelgehrenalpe führt. Bei der Mittleren Schwandalpe gibt es Erfrischungen. Auf der Straße geht es zurück nach Burgberg.

41 **Wanderung:** Sonthofen – Starzlachklamm

Ausgangspunkt: Sonthofen
Parken: im Ort
Höhenunterschied: 210 m
Wanderzeit: 2 Std.
Schwierigkeitsgrad: leicht!
Einkehr: Gasthof Alpenblick, im Ort
Karte: siehe Seite 86

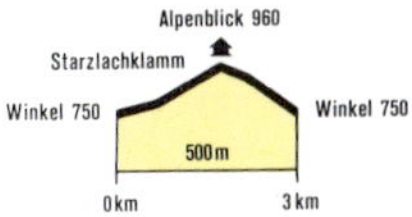

Tourenverlauf: Von Sonthofen der Starzlach folgend bis zum Ortssteil Winkel (Parkplatz). Über Winkel befindet sich am südlichen Ufer der Starzlach der Burgstall Winkel, einst Burg der Ritter von Winkelberg, seit 1354 der Grafen von Montfort. Herrliche Aussicht! Am Ortsende von Winkel, dem südlichen Ufer der Starzlach bachaufwärts folgend, vorbei an Wildbachverbauungen kommt man zum Eingang der Klamm (geringe Eintrittgebühr). Vorbei an riesigen ausgewaschenen Wassermühlen bis zur Fallstube, einer sogenannten trockenen Hochklamm. Früher befand sich hinter der Klamm ein Eisenbergwerk. Unter überhängenden Felsen, vorbei an schäumenden Wassermassen überschreitet man die Starzlach auf eisernen Stegen, und kommt zu einem Wasserfall.
Man hat nun die Möglichkeiten:
a) nach links weiterwandernd gelangt man über den Felsensteig zum Gasthof Alpenblick und von dort zurück nach Winkel
b) rechts weiter führt ein Waldweg nach Winkel.

42 **Wanderung:** Walten –Tiefenbacher Eck, 1.517 m

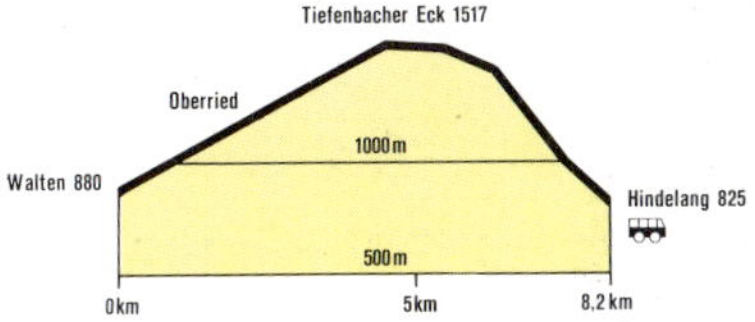

Ausgangspunkt: Walten
Parken: im Ort
Höhenunterschied: 640 m
Wanderzeit: 3 – 4 Std.
Schwierigkeitsgrad: leicht!
Einkehr: Entschenburger Hof, in Hindelang
Karte: siehe Seite 86

Tourenverlauf: Ausgangspunkt unserer Wanderung ist Walten, das man auf der Fahrstraße nach Staig, Hotel Allgäu Stern erreicht. Hier befindet sich die Entschenburg.
Von Walten aus gelangt man nach Unterried. Von hier führt links ein Fußweg nach Oberried. Diesen nehmen wir und wandern zur Oberrieder Kapelle hinauf. Herrlicher Ausblick ins Illertal. Von Oberried nun weiter zur Schwandeckkapelle. Hier beginnt der bewachsene Grat, der zum Tiefenbacher Eck zieht. Schöne Aussicht ins Ostrachtal. In östlicher Richtung weiterwandernd zur Karl-Hüller-Hütte. Nach dieser links hinunter nach Hindelang.

43 **Bergwanderung:** Hindelang – Imberger Horn, 1.656 m – Imberg

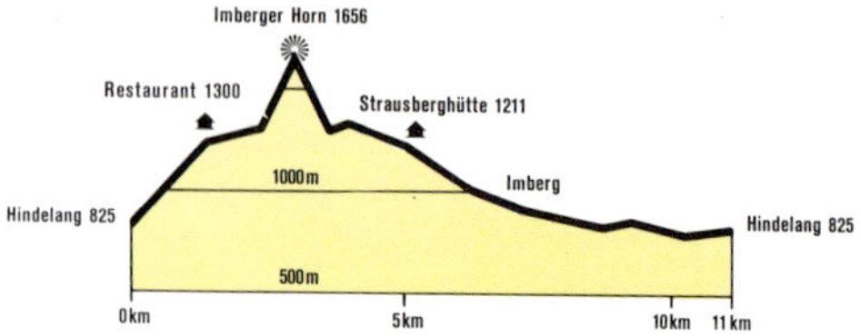

Ausgangspunkt: Hindelang
Parken: im Ort
Höhenunterschied: 830 m
Wanderzeit: 5 Std.

Schwierigkeitsgrad: mittel!
Einkehr: Sessellift-Bergstation, Strausberghütte

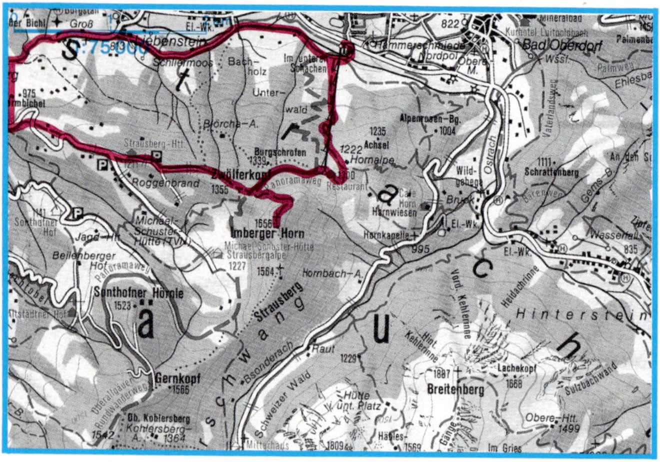

Tourenverlauf: Bei der Liftstation Hindelang gibt es Parkmöglichkeiten. Beim Lift zeigt uns ein Wegweiser die Richtung. Wir wandern von der Talstation des Liftes Richtung Süden. Direkt unter dem Sessellift führt steil bergauf ein Pfad bis zur Hornalpe. Rechts abzweigen und zur Bergstation des Liftes gehen. Hier befindet sich ein Restaurant. Auf dem Panoramaweg leicht ansteigend bis zu einer Weggabelung. Links führt der Weg hinauf aufs Imberger Horn, rechts zum Zwölferkopf. Wir nehmen den linken Weg, der zuerst durch den Wald, dann das letzte Stück über Fels auf das Imberger Horn führt. Weite Ausblicke ins Retterschwang-, Ostrach- und Illertal bis zum Alpsee und zur Nagelfluhkette. Wir gehen auf dem Aufstiegsweg zur Weggabelung zurück. Von dieser wandern wir, immer auf die Hinweistafeln achtend, über die Strausberghütte nach Imberg hinunter. Ein Wegweiser, der nach Hindelang weist, zeigt uns den weiteren Weg. Bei dem Weiler Liebenstein überqueren wir den Bach. Bei der nächsten Weggabelung halten wir uns rechts und gehen auf einem Fußweg nach Hindelang.

44 **Bergwanderung:** Hindelang – Wertacher Hörnle, 1.695 m – Unterjoch

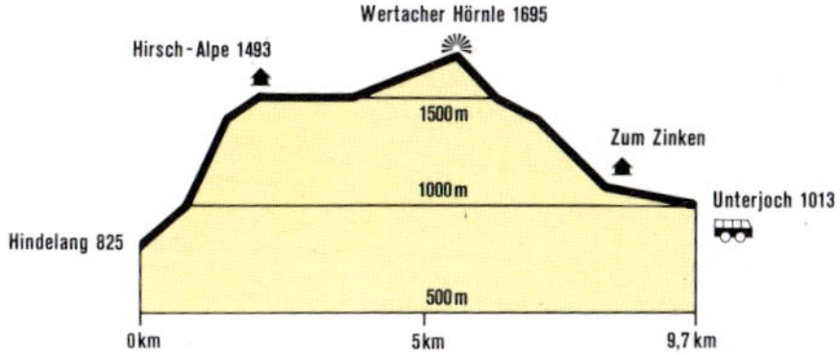

Ausgangspunkt: Hindelang
Parken: im Ort
Höhenunterschied: 870 m

Wanderzeit: 4 – 5 Std.
Schwierigkeitsgrad: mittel!
Einkehr: Hirsch-Alpe, Gh. Zum Zinken

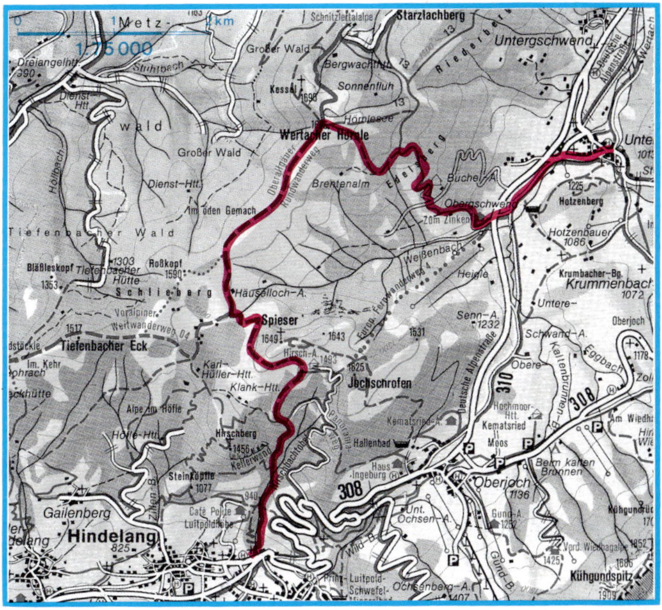

Tourenverlauf: Vom Gasthof »Zum letzten Heller« in Hindelang wandern wir zuerst durch das Hirschbachtobel, dann vorbei an der Kellerwand bis zur Hirschalpe. Hier gehen wir dann in westlicher Richtung weiter, später halten wir uns wieder nördlich und gelangen über Almwiesen zum Spieser. Immer nordwärts haltend kommt man über die Häusellochalpe zum leichten Gipfelanstieg des Wertacher Hörnle. Schöne Aussicht in die östlichen Allgäuer Alpen, zum Daumen und zur Vilsalpgruppe. Unter uns befindet sich der Hörnlesee.
Der Rückweg erfolgt nun in östlicher Richtung. Auf einem markierten Weg kommt man über den Edelsberg hinunter zum Skiliftparkplatz in Obergschwend. Man überquert die Hauptstraße und wandert nach Unterjoch. (Busverbindung.)

45 **Bergwanderung:** Hinterstein – Breitenberg, 1.887 m

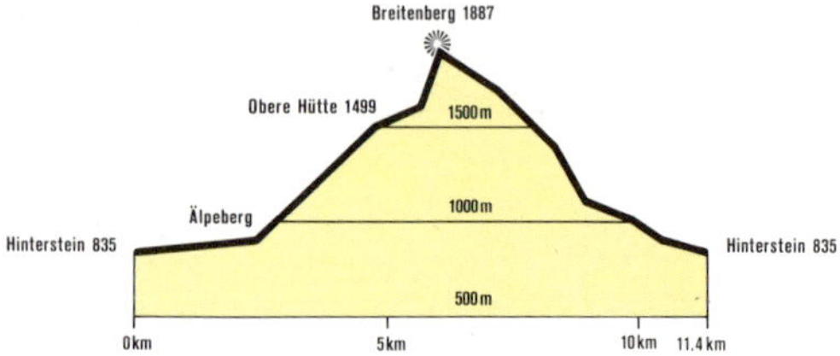

Ausgangspunkt: Hinterstein
Parken: im Ort
Höhenunterschied: 1.050 m

Wanderzeit: 4 – 5 Std.
Schwierigkeitsgrad: mittel!
Einkehr: im Ort

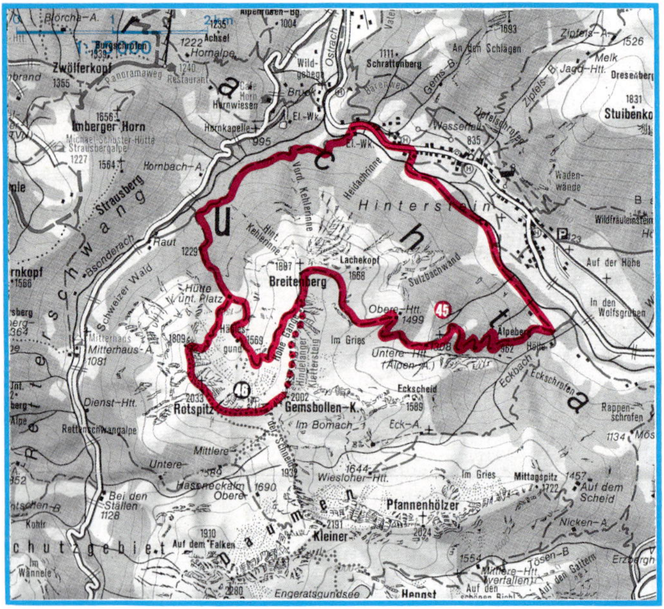

Tourenverlauf: Von Hinterstein Richtung Südosten taleinwärts bis der Weg rechts abzweigt. Geradeaus weiter würde man zum Giebelhaus gelangen. Über den Älpeberg gelangt man in Kehren zur Unteren Hütte (Älpenalpe). Zur Oberen Hütte kommt man auf einem steilen Weg. Oberhalb der Hütte beginnen die Schutt- und Schrofenhänge. Über diese gelangt man zuerst über einen steilen Pfad zum Gipfelgrat und über diesen auf den Gipfel. Auf dem Gipfel befindet sich das Gefallenengedenkkreuz von Vorderhindelang. Schöner Blick ins Ostrachtal. Der Abstieg erfolgt in Richtung Süden. Über die Hohen Gänge hinunter zum Häblesgund Richtung Retterschwangtal. Bei der Weggabelung vor der Bsonderach gehen wir rechts zurück zum Ausgangspunkt.

Rast

46 **Bergtour:** Hinterstein – Rotspitz, 2.033 m

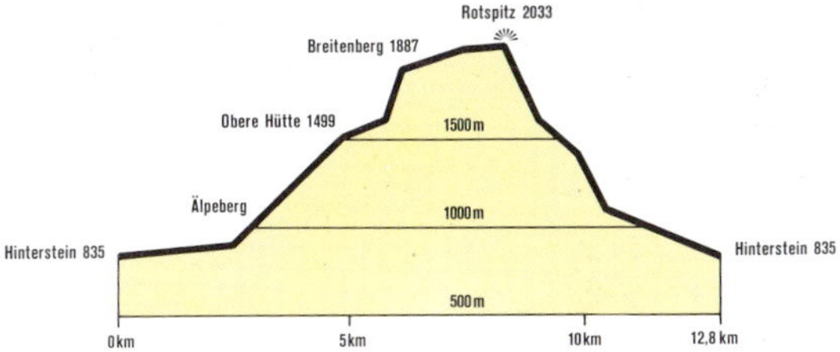

Ausgangspunkt: Hinterstein
Parken: im Ort
Höhenunterschied: 1.200 m
Wanderzeit: 5 Std.

Schwierigkeitsgrad: teilweise schwierig!
Einkehr: im Ort
Karte: siehe Seite 90

Tourenverlauf: Der Weg auf die Rotspitz von Hinterstein aus ist bis zur Gipfelbesteigung des Breitenberges in Tour 45 beschrieben.
Vom Breitenberg in südlicher Richtung über einen Grat. Wir gehen nicht rechts in den Häblesgund hinunter, sondern links auf dem Hindelanger Klettersteig. Achtung: weiter unten nicht links zum Daumen abzweigen! In westlicher Richtung weiter zur Rotspitz. Schwindelfreiheit und Trittsicherheit sind erforderlich! Herrliche Aussicht auf den Hindelanger Klettersteig, ins Daumengebiet und zum Nebelhorn.
Der Abstieg erfolgt über den Nordwestgrat Richtung Häblesgund. Hier treffen wir auf den Weg der uns ins Retterschwangtal führt.

47 **Wanderung:** Bad Oberdorf – Retterschwangtal

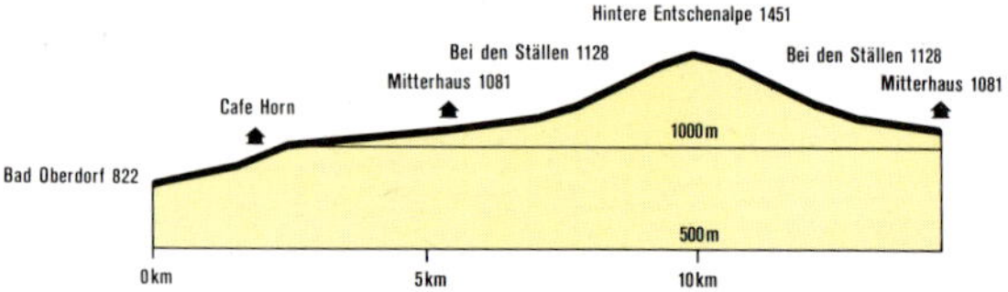

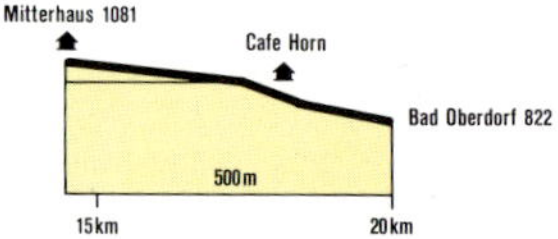

Ausgangspunkt: Bad Oberdorf
Parken: im Ort
Höhenunterschied: 630 m
Wanderzeit: 4 – 5 Std.
Schwierigkeitsgrad: leicht!

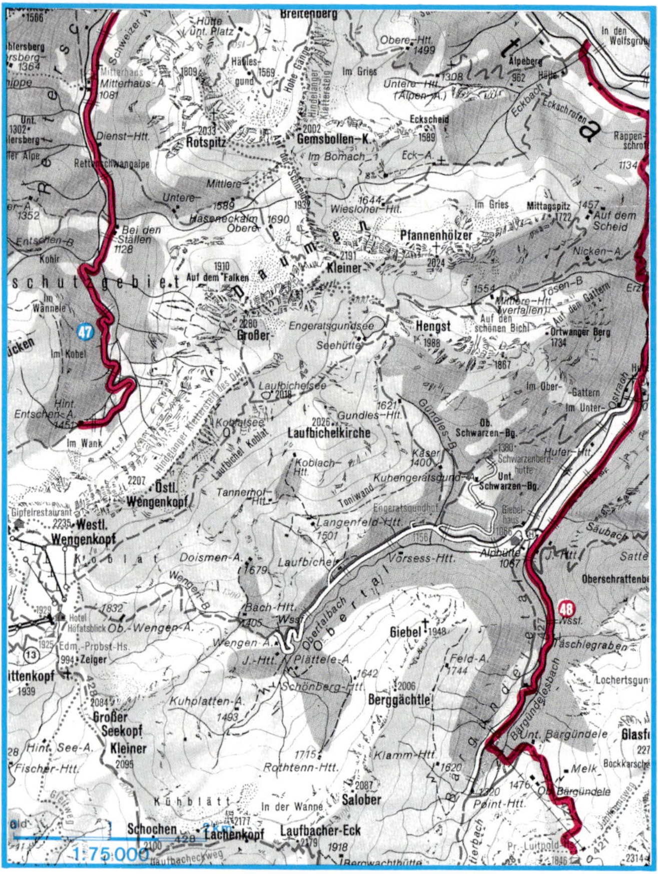

Tourenverlauf: Von Hindelang auf einer Fahrstraße Richtung Café Horn. Nahe vorbei an der Hornkapelle in mäßiger Steigung bergan. Nach Überquerung der Bsonderach geht man am Fuße der Rotspitz, vorbei an Weideflächen, zum Mitterhaus. Im 16./17. Jahrhundert war das Mitterhaus Eigentum der Grafen Fugger von Augsburg.
Nun immer weiter taleinwärts auf ebenem Weg zur Alphütte »Bei den Ställen«. Links herunter fließt der Haseneckbach. Daneben erheben sich die gewaltigen Steilhänge des Daumen. Kurz nach der Alphütte überqueren wir die Bsonderach auf einer Brücke. In einigen Kehren, zuletzt in westlicher Richtung, gelangt man zur Hinteren Entschenalpe. Im Nordwesten sehen wir den Entschenkopf. Im Süden befindet sich das Nebelhorn und der Wengenkopf.
Der Rückweg erfolgt auf demselben Weg.

48 Bergwanderung: Hinterstein – Ostrachtal – Prinz-Luitpold-Haus, 1.846 m

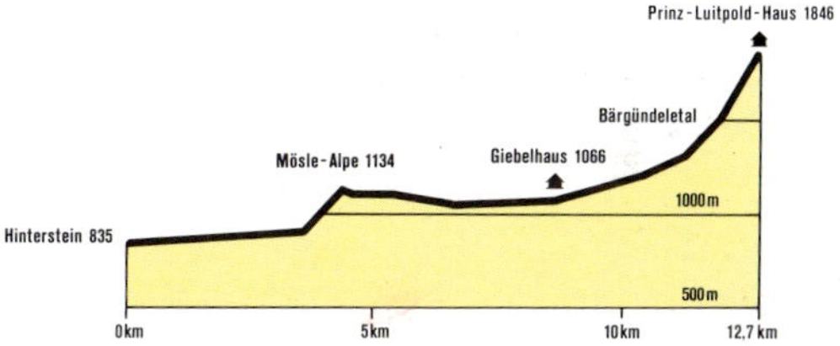

Ausgangspunkt: Hinterstein
Parken: im Ort
Höhenunterschied: 1.000 m
Wanderzeit: 4 1/2 Std. Anstieg

Schwierigkeitsgrad: mittel!
Einkehr: Giebelhaus, Prinz-Luitpold-Haus
Karte: siehe Seite 92

Tourenverlauf: Von Hindelang fahren wir auf der Bundesstraße Richtung Hinterstein. 0,5 km nach dem Elektrizitätswerk führt rechts ein Wanderweg über die Ostrach. Diesen nehmen wir und wandern durch dieses Tal bergauf Richtung »Hölle«. Vor der »Hölle« halten wir uns links und gehen hinunter zur Ostrach, weiter taleinwärts, links vorbei am Rappenschrofen zur Möslealpe.
Auf- und abwandernd, abwechselnd über Almwiesen und durch Wald gelangen wir zu einer Straße, diese überqueren wir und sehen vor uns die Hubertuskapelle. Geradeaus weitergehend passieren wir das Giebelhaus. Hier beginnt nun das Bärgündeletal. Über Wiesen, später über eine Holzbrücke und dann durch den Wald wandern wir leicht bergauf. Bei der Weggabelung gehen wir nicht geradeaus zur Pointhütte, sondern zweigen links ab und gelangen über die Bärgündelealpen zum Prinz-Luitpold-Haus.
Mehrere Abstiegsmöglichkeiten:
a) zurück durch das Bärgündeletal und Ostrachtal nach Hinterstein
b) über das Laufbachereck zum Edmund-Probst-Haus
c) über den Fuchsensattel nach Hinterhornbach
d) auf dem Jubiläumsweg über das Gaißeckjoch zur Willersalpe
e) durch das Oytal nach Oberstdorf.

49 **Bergtour:** Prinz-Luitpold-Haus – Hochvogel, 2.593 m

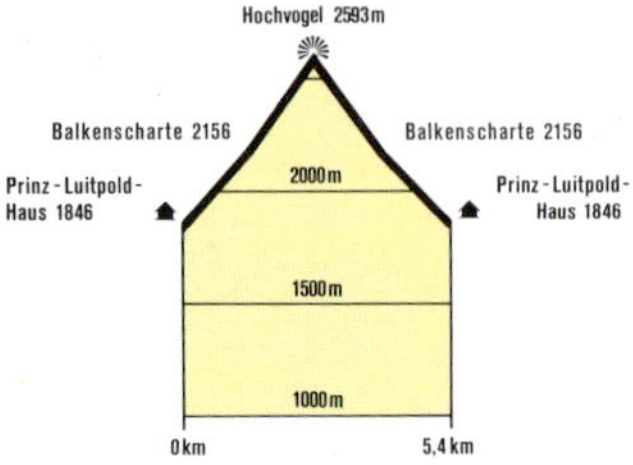

Ausgangspunkt: Prinz-Luitpold-Haus
Höhenunterschied: 750 m
Wanderzeit: 4–5 Std.
Schwierigkeitsgrad: nur für Geübte!
Einkehr: Prinz-Luitpold-Haus
Karte: siehe Seite 95

Tourenverlauf: Der Hochvogel ist ohne Zweifel der König der Allgäuer Alpen. Ausgangspunkt dieser Wanderung ist das Prinz-Luitpold-Haus, benannt nach Prinz Luitpold aus dem Königshaus der Wittelsbacher. Für diese Tour sind Schwindelfreiheit, Trittsicherheit und bergsteigerische Erfahrung Voraussetzung.
Vom Prinz-Luitpold-Haus gegen Süden hinauf durch das Obere Tal. In steilen Serpentinen hinauf zur Balkenscharte. Der Steig ist sehr gut markiert. Wir steigen dabei rechts vorbei an der Fuchskarspitze. Von hier ziemlich gerade, nur mit geringfügigem Gefälle zum Sättele, das sich im Süden befindet. Über Geröll und Schutt gelangt man zum »Kalten Winkel«. Es handelt sich hier um ein Firnfeld. In Serpentinen steigen wir zu einer Scharte hinauf. Immer weiter aufwärts, bis wir zur »Schnur« (= Felsband) gelangen. In Kehren zur Westabdachung des Gipfels und hinauf zum höchsten Punkt. Der Abstieg erfolgt auf dem Aufstiegsweg. Eine andere Möglichkeit wäre über den Bäumenheimer Weg hinunter nach Hinterhornbach/Lechtal.

50 **Bergwanderung:** Hinterstein – Willersalpe – Gaißeckjoch, 2.056 m – Jubiläumsweg – Prinz-Luitpold-Haus, 1.846 m

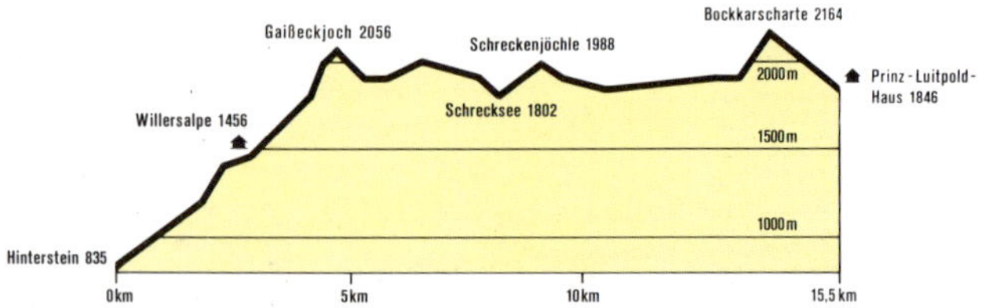

Ausgangspunkt: Hinterstein
Parken: im Ort
Höhenunterschied: 1.820 m
Wanderzeit: 7–8 Std.
Schwierigkeitsgrad: mittel!
Einkehr: Willersalpe, Prinz-Luitpold-Haus

Tourenverlauf: Mit dem Auto von Hindelang oder Sonthofen auf der Hauptstraße bis nach Hinterstein. Vom Gasthof »Grüner Hut« in Hinterstein geht man über die Holzerhütte, den Willersbach querend in Kehren bergauf zur Willersalpe und erreicht diese von Hinterstein aus in 1½ Std. Der Jubiläumsweg beginnt hinter der Willersalpe. Er wurde 1899 zum 25jährigen Jubiläum der dortigen AV-Sektion angelegt.
Wir wandern über Grashänge bis zur Schafwanne. Links von diesem

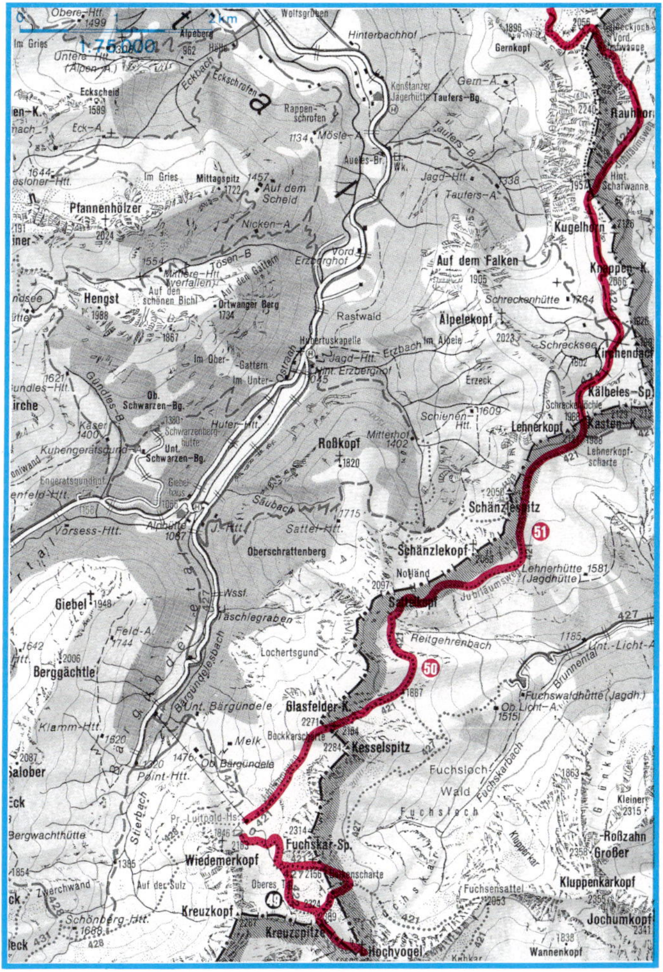

Grat befindet sich das Gaißhorn, rechts das Rauhhorn. Man genießt einen herrlichen Rundblick. Unter uns liegt der Vilsalpsee. Unser Weg führt abwärts, vorbei am Rauhhorn in den Sattel zwischen diesem Gipfel und Kugelhorn. Von hier in die Mulde des Schrecksees (Wildsee). Zwischen Ostufer des Sees und Kirchendach vorbei gelangt man zur Scharte zwischen Lehnerkopf und Kastenkopf. Über die Südhänge der Schänzlespitz und des Schänzlekopfes kommt man zur Notländ (länd = Lehne; Lehne an der Futternot herrschte). Über die Bockkarscharte erreicht man in 1/2 Std. das Prinz-Luitpold-Haus.

51 **Bergwanderung:** Tannheim/Vilsalpsee – Landsberger Hütte – Saalfelder Höhenweg – Schrecksee – Prinz-Luitpold-Haus

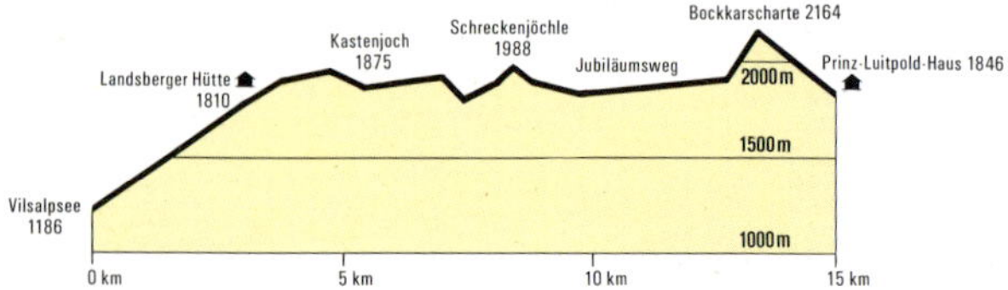

Ausgangspunkt: Tannheim
Parken: beim Vilsalpsee
Höhenunterschied: 560 m
Wanderzeit: 7½ Std.

Schwierigkeitsgrad: mittel!
Einkehr: Landsberger Hütte, Prinz-Luitpold-Haus
Karte: Fortsetzung siehe Seite 95

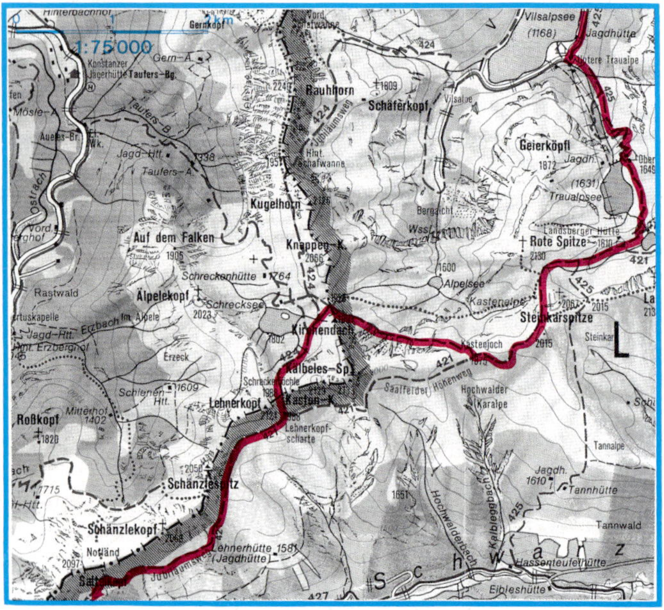

Tourenverlauf: Ausgangspunkt dieser Wanderung ist der Vilsalpsee im Tannheimer Tal, von wo aus wir in 1½ Stunden zur Landsberger Hütte (Nächtigung) wandern. Auf dem Saalfelder Höhenweg gehen wir mäßig steil bergauf, vorbei am Fuße der Roten Spitze. Bei der Scharte halten wir uns in Richtung Süden und wandern am Fuße der Steinkarspitze bis zu einer weiteren Scharte. Zuerst abwärts, dann wieder aufwärts geht es bis zum Kastenjoch. Dabei sehen wir rechts unter uns den Alpelsee und die Kastenalpe. Vom Kastenjoch in Richtung Nordwesten, bis wir wiederum zu einer Einsattelung gelangen. Es handelt sich um das Kirchendach, das sich zwischen Knappenkopf und Kälbelesspitze befindet. Herrlicher Blick auf den Schrecksee. Vom Schrecksee auf dem Jubiläumsweg zum Schreckenjöchle, vorbei am Kastenkopf und Lehnerkopf. Bei der Lehnerkopfscharte stoßen wir auf einen Weg, der links von der Landsberger Hütte herführt. Wir bleiben auf dem Jubiläumsweg, passieren die Schänzlespitz, den Sattelkopf und gelangen über die Bockkarscharte zum Prinz-Luitpold-Haus (Nächtigung). Abstieg durch das Ostrachtal nach Hinterstein (siehe Tour 48).

52 **Bergwanderung:** Hinterstein – Gaißhorn, 2.249 m

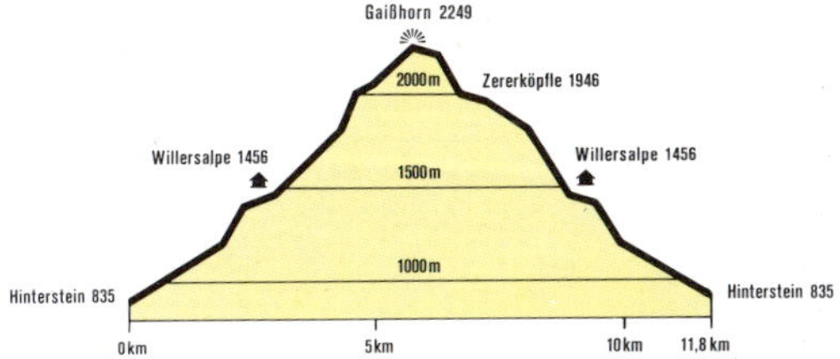

Ausgangspunkt: Hinterstein
Parken: im Ort
Höhenunterschied: 1.410 m

Wanderzeit: 5 – 6 Std.
Schwierigkeitsgrad: mittel!
Einkehr: Willersalpe

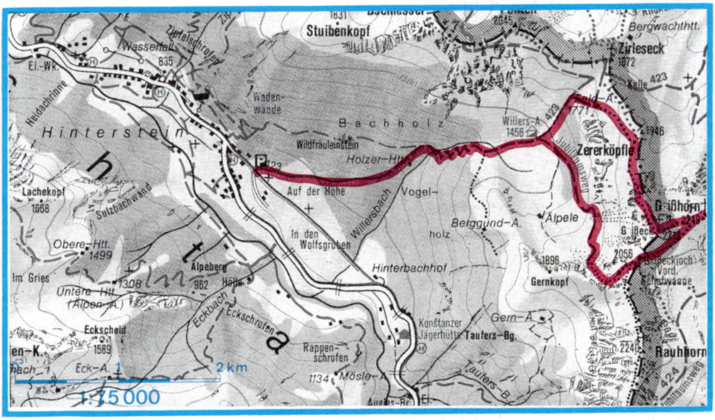

Tourenverlauf: Mit dem Auto von Hindelang oder Sonthofen auf der Hauptstraße bis nach Hinterstein. Vom Gasthaus »Grüner Hut« in Hinterstein geht man über die Holzerhütte, den Willersbach überquerend in zahlreichen Kehren bergauf zur Willersalpe und erreicht diese (von Hinterstein) in 1½ Std. Der Jubiläumsweg beginnt hinter der Willersalpe. Er wurde 1899 zum 25jährigen Jubiläum der dortigen AV-Sektion angelegt. Auf diesem Weg wandern wir zum Gaißeckjoch. Über den grasigen Osthang des Gaißecks zum schrofigen Kamm und auf ihm zum Gipfel. Der Abstieg erfolgt über den Nordwest-Grat des Gaißecks. Dabei sind Trittsicherheit und Schwindelfreiheit erforderlich! Der weitere Weg führt über das Zererköpfle Richtung Zirleseck. Das Zirleseck lassen wir rechts liegen und gehen hinunter zur Feldalpe. Von dieser in westlicher, dann in SW-Richtung zur Willersalpe und nach Hinterstein.

53 **Bergwanderung:** Hinterstein – Ponten, 2.045 m – Schattwald

Ausgangspunkt: Hinterstein
Parken: im Ort
Höhenunterschied: 1.210 m
Wanderzeit: 5 Std.
Schwierigkeitsgrad: mittel!
Einkehr: Willersalpe

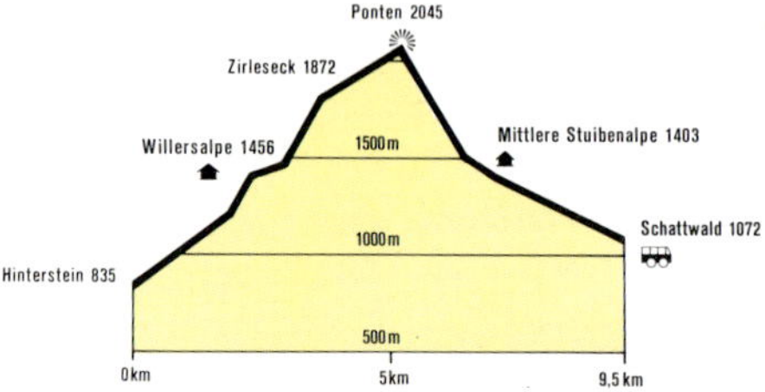

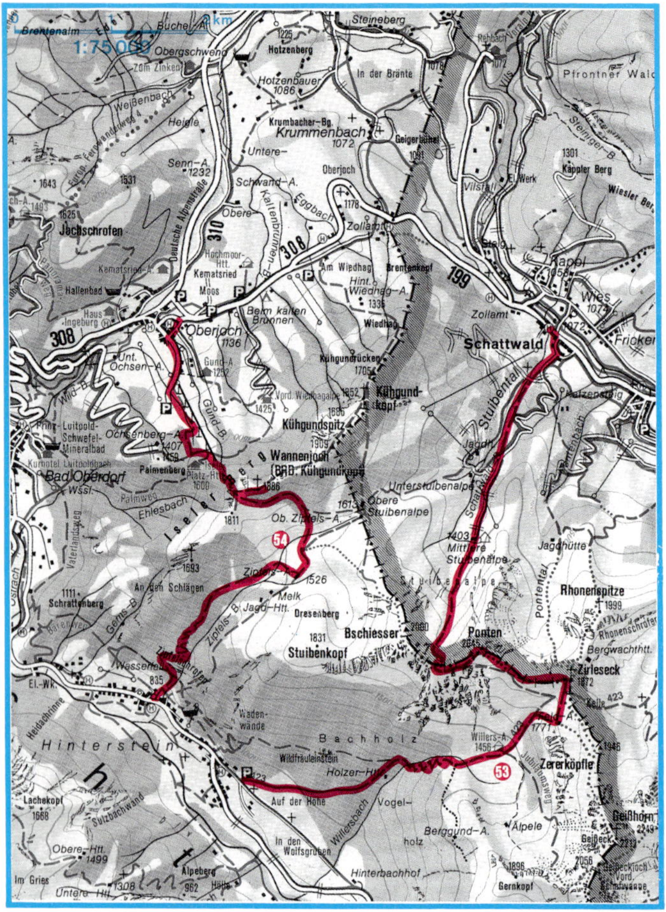

Tourenverlauf: Ausgangspunkt dieser Wanderung ist Hinterstein. Diesen Ort erreicht man von Sonthofen über Hindelang. Der Weg zur Willersalpe ist nicht zu verfehlen. Von der Willersalpe wendet man sich Richtung Nordosten, nicht rechts auf den Jubiläumsweg, der zum Prinz-Luitpold-Haus führt. Der weitere Weg führt steil bergauf über Weideflächen zum Zirleseck. Bei diesem Sattel biegen wir links ab, gehen also Richtung Westen. Über felsiges Gelände gelangt man auf den Gipfel des Ponten. Herrliche Rundsicht! Der Abstieg erfolgt nach Schattwald, einem Tiroler Dörfchen nahe der deutschen Grenze. Vom Ponten links haltend auf einem Grat bis zum Sattel zwischen Ponten und Bschießer. Über Almweiden wandert man zur Mittleren Stuibenalpe. Auf einem Alpweg über Weideflächen, teilweise durch den Wald nach Schattwald.
Wer nicht nach Schattwald will, hat die Möglichkeit, vom Sattel zwischen Ponten und Bschießer Richtung Bschießer zu gehen, von dort weiter zur Zipfelsalpe und zurück nach Hinterstein.

54 **Bergwanderung:** Oberjoch – Iseler, 1.886 m

Ausgangspunkt: Oberjoch
Parken: im Ort
Höhenunterschied: 750 m
Wanderzeit: 4 Std.
Schwierigkeitsgrad: mittel!
Einkehr: Iseler-Platz-Hütte
Karte: siehe Seite 98

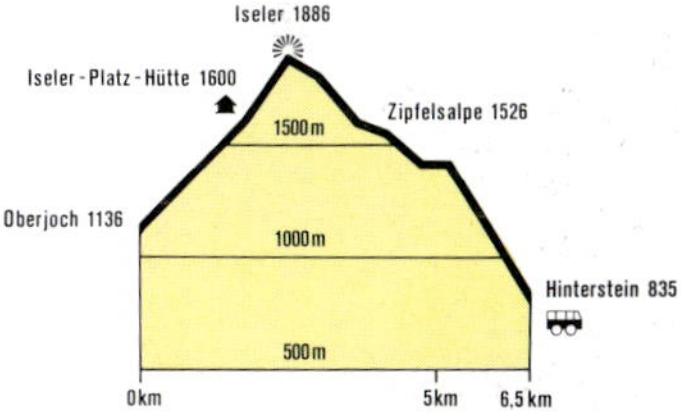

Tourenverlauf: Auf der Bundesstraße 308 von Hindelang nach Oberjoch kurz vor der österreichischen Grenze, über die man nach Schattwald gelangt.
Ausgangspunkt unserer Wanderung ist die Talstation der Sesselliftbahn in Oberjoch. Wer mit dem Sessellift hochfährt, verkürzt die Wanderzeit um ca. 1 Stunde. Von der Talstation führt ein markierter Weg hinauf zum Iseler. Auf einem guten Fußweg geht man über Weideböden hinauf zur Iseler-Platz-Hütte. Wir halten uns an den Wegweiser »Iseler–Zipfelsalpe«. In Richtung Südosten erreicht man in ¾ Stunden das Kreuz auf dem Iseler. Schöner Blick auf das Ostrach- und Tannheimer Tal. Neben den Tannheimer Bergen kann man dahinter das Wettersteingebirge mit der Zugspitze bewundern. Der Abstieg kann auf demselben Weg erfolgen. Wer jedoch noch etwas Neues sehen will, geht hinunter nach Hinterstein. Vom Gipfelkreuz in Richtung Norden auf dem Aufstiegsweg zurück. Bei der Abzwiegung zur Oberen Zipfelsalpe halten wir uns links. Über die Almweiden der Zipfelsalpe, vorbei an der Oberen Zipfelsalpe, später den Zipfelsbach überquerend kommt man zur Zipfelsalpe. Nach dieser überqueren wir abermals den Zipfelsbach und gehen steil bergab durch den Wald nach Hinterstein.

⑤⑤ **Bergtour:** Unterjoch – Sorgschrofen, 1.638 m

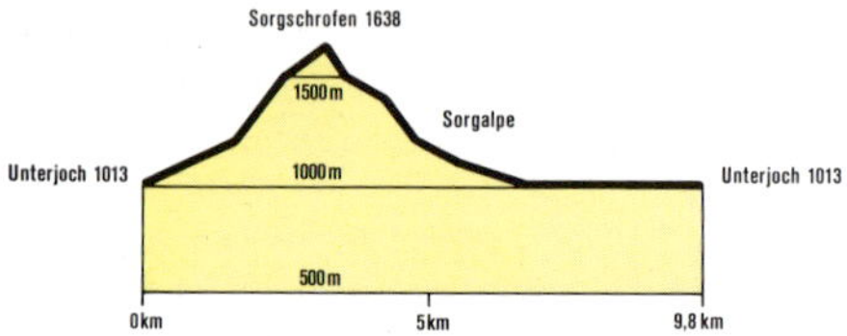

Ausgangspunkt: Unterjoch
Parken: im Ort
Höhenunterschied: 625 m

Wanderzeit: 5 Std.
Schwierigkeitsgrad: nur für Geübte!

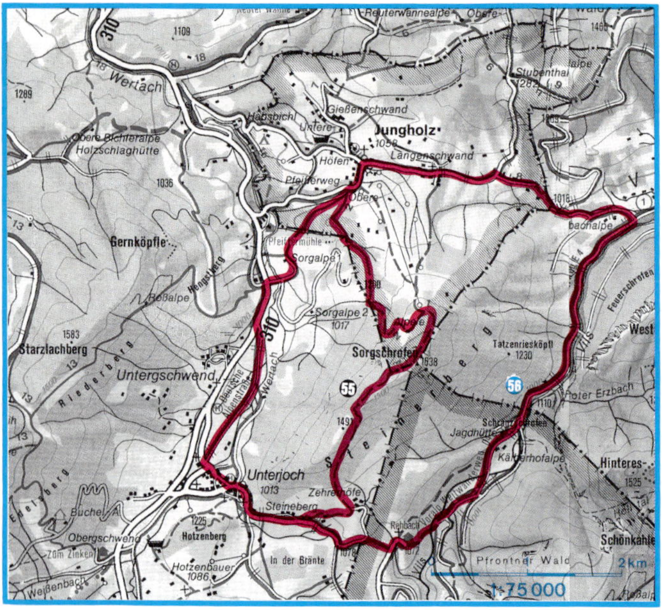

Tourenverlauf: Von Wertach auf der Bundesstraße Untergschwend, danach links abzweigen nach Unterjoch. Von der Kirche in Unterjoch weiter Richtung Steineberg. Wenn sich die Straße gabelt, nehmen wir den Weg links, der zu den Zehrerhöfen führt. Von dort steil bergauf durch den Wald gelangt man über den Steinerberg zur Kammhöhe. Die Besteigung des Sorgschrofen ist nicht sehr einfach. Man erreicht 10 Minuten später eine kleine Anhöhe. Dort gelangt man zum Zinken. Dieser Weg ist zum Teil drahtseilgesichert. Die Überquerung des Sorgschrofen kann nur von geübten Bergsteigern gemacht werden. Ist dieses nicht der Fall, muß vom Zinken der Rückweg auf demselben Weg gemacht werden.
Die Besteigung des Sorgschrofen ist eine Kletterei. Vom Zinken kann

Sorgschrofen

man den Gipfel in 1/4 Stunde bezwingen. Der Abstieg erfolgt in nordöstlicher Richtung. Vor dem Lift gehen wir links über Almwiesen zum Älpele. Von hier teilweise weglos zur Sorgalpe und bis hinunter zur Straße. Von dort zurück nach Unterjoch.

56 **Wanderung:** Jungholz – Kälberhofalpe – Unterjoch – Jungholz

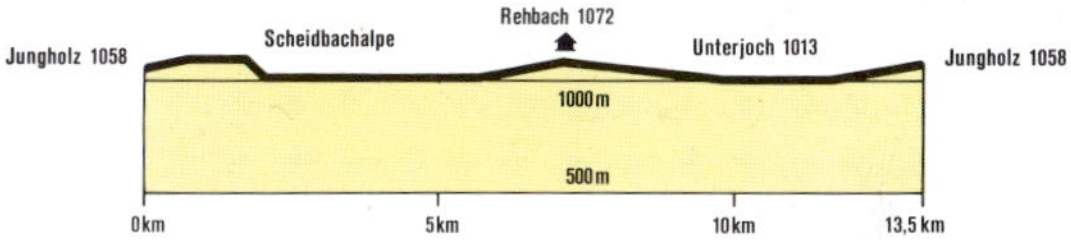

Ausgangspunkt: Unterjoch
Parken: im Ort
Höhenunterschied: 100 m
Wanderzeit: 5 Std.

Schwierigkeitsgrad: leicht!
Einkehr: Pfeiffermühle, Rehbach
Karte: siehe Seite 100

Tourenverlauf: Von Jungholz gehen wir nach Langenschwand, das sich Richtung Pfronten befindet. Dabei kommen wir, über Wiesen und an Wäldchen vorbei, zur Scheidbachalpe. Von dieser gehen wir geradeaus weiter bis zur Vils. Bei diesem Flüßchen halten wir uns rechts, also in Richtung Süden zur Kälberhofalpe. Dabei passieren wir rechts von uns das Tatzenriesköpfl. Über den Schranzschrofen erreicht man die Kälberhofalpe. Leicht bergan erreicht man das Gh. Rehbach. Bergab gehend kommen wir wieder auf deutschen Boden und wandern über Steineberg nach Unterjoch. Der Wertach folgend halten wir uns Richtung Norden. Vorbei an der Pfeiffermühle kommen wir zurück nach Jungholz.

57 **Wanderung:** Wertach – Reuter Wanne, 1.541 m

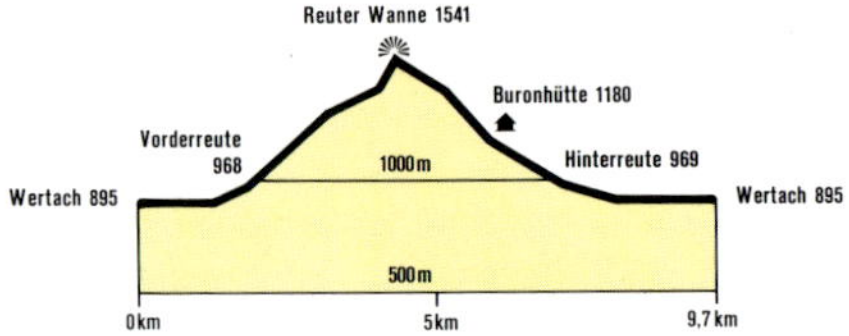

Ausgangspunkt: Wertach
Parken: im Ort
Höhenunterschied: 650 m

Wanderzeit: 4 Std.
Schwierigkeitsgrad: leicht!
Einkehr: Buronhütte

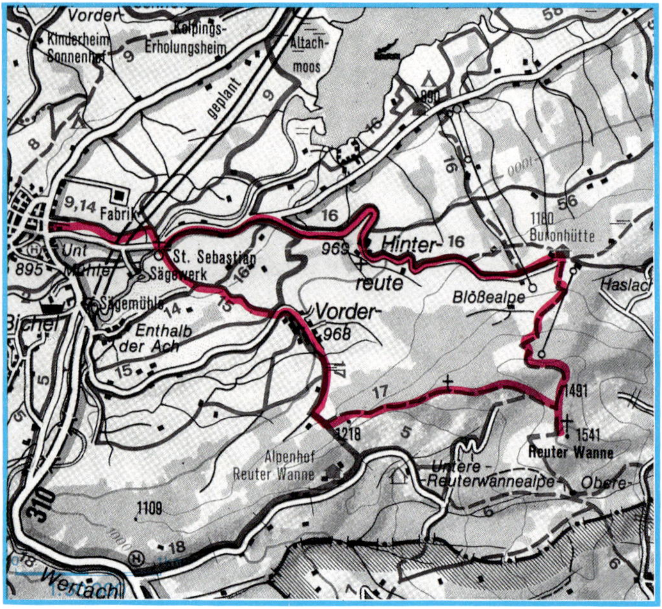

Tourenverlauf: Wertach wurde im Jahre 1893 durch einen Brand eingeäschert. Das Dorf hat dadurch ein modernes Aussehen, da die ältesten Häuser um die Jahrhundertwende gebaut wurden.
Östlich von Wertach befindet sich Vorderreute. Dieses erreichen wir in 1/2 Stunde. Wir wandern, immer der Markierung nach, in Richtung Süden auf einen Wiesenrücken. Auf diesem Rücken erreichen wir leicht ansteigend die 1.541 m hohe Reuter Wanne. Der Abstieg erfolgt in Richtung Norden zur Buronhütte. Dabei gehen wir von der Reuter Wanne zu dessen Vorgipfel zurück, halten uns links und erreichen so die Buronhütte. Von hier folgen wir dem abwärts führenden Güterweg nach Hinterreute und von dort zurück zu unserem Ausgangspunkt.

Oberstaufen ▶

Immenstadt – Nagelfluhkette

Ortsbeschreibungen:

BLAICHACH

Sitz einer Verwaltungsgemeinschaft, Ldkr. Oberallgäu, Einw.: 4.850, Höhe: 737 m, Postltz.: D-87544. **Auskunft:** Verkehrsamt Blaichach. **Bahnstation:** Blaichach. Busverbindung. **Bergbahnen:** siehe Immenstadt, Gunzesried.

Blaichach liegt im oberen Allgäu im breiten, sonnigen Illertal zwischen Grünten und Nagelfluhkette, an der Bahnstrecke Immenstadt-Oberstdorf. Schwimmbäder, Kahn- und Segelbootfahrten im 8 km entfernt liegenden Alpsee. Vermerkt sei noch, daß in Blaichach im Montfort-Sennhof der Schweizer Johann Althaus 1828 die Allgäuer Emmentaler-Käserei gründete.

Sehenswert

Die **Sühnekapelle** am Reuteweg, die auf das historische Blaichach des Jahres 1622 hinweist.

BÜHL AM ALPSEE

Stadtgemeinde Immenstadt i. A., Ldkr. Oberallgäu, Einw.: 400, Höhe: 743 m, Postltz.: D-87509. **Auskunft:** Gästeamt Bühl. **Bahnstation:** Bühl, D-Zugstation Immenstadt. Busverbindung mit Immenstadt.
Bergbahnen: Sessel- und Schlepplifte.

Zwischen bewaldeten Höhen, die bis 1.500 m Höhe hinaufreichen, und der Erholungslandschaft »Großer Alpsee« erstreckt sich der Alpsee, der Mittelpunkt der Fremdenverkehrsgemeinde Bühl. Im Westen schließt der kegelförmige Staufner Berg das Tal ab, während es sich nach Osten zum Illertal öffnet. Zur Gemeinde Bühl gehören die Weiler See, über der Achbrücke unmittelbar am Alpsee, der Weiler Hub jenseits der Bahnlinie, der 100 m über dem See liegende Ort Zaumberg mit herrlichem Blick ins Hochgebirge und am Westende des Sees das Dorf Ratholz. Der Alpsee ist der größte natürliche See des Allgäus. Seine Wasserfläche mißt 2,5 qkm bei einer Länge von 3,2 km und einer größten Breite von 1 km. Seine größte Tiefe beträgt rund 25 m.

GUNZESRIED

Gde. Blaichach, Ldkr. Oberallgäu. Einw.: 450, Höhe: 889 m, Postltz.: D-87544. **Auskunft:** Verkehrsamt Gunzesried. **Bahnstation:** Sonthofen (4 km). Busverbindung mit Sonthofen und Gunzesrieder Säge.
Bergbahnen: Sessellift Allgäuer Berghof (Winterbetrieb), und Schlepplifte.

IMMENSTADT IM ALLGÄU

Stadtgde., Ldkr. Oberallgäu, Einw.: 14.000, Höhe: 729 m, Postltz.: D-87509. **Auskunft:** Gästeamt Immenstadt. **Bahnstation:** Immenstadt. Busverbindung.
Bergbahnen: Sessel- und Schlepplifte.

Immenstadt, die Eingangspforte des Allgäuer Hochlands, liegt an der Stelle des Illertals, wo es ins Gebirge eintritt und wo die Verkehrswege (Queralpenstraße, Bahnlinie) nach Oberstaufen-Lindau abzweigen. Es wird unmittelbar vom Immenstädter Horn, 1.490 m, überragt. Der nahe Alpsee (2 km) lädt im Sommer zum Baden und Segeln, während im Winter der Skizirkus in den Nordhängen über dem See die Skifahrer an sich zieht. An den Skizirkus schließt sich im Süden das Tourengebiet des Kemptner Naturfreundehauses mit dem Stuiben, 1.749 m, und dessen noch skifreundlicheren Nachbarn, dem Sederer, 1.737 m, an. Die zweite Ski-Attraktion ist der Mittag-Sessellift, dessen Bergstation im Sommer Ausgangspunkt großzügiger Bergwanderungen im Gebiet der sich westlich anschließenden Nagelfluhkette ist. Im Gegensatz zu dieser alpinen Landschaft stehen die Moore östlich von Rauhenzell (Goimoos, Felmermoos, Naturschutzgebiete) und die sanften Hügel am Alpsee. Vor 1803 war Immenstadt die Residenz der Grafen von Königsegg-Rothenfels. Nördlich der Stadt liegen die einstigen Stammburgen Hugofels und Rothenfels, heute Ruinen. 1546 wurde Rothenfels zum letzten Mal von der vereinigten Streitmacht der Städte Isny, Memmingen und Kempten erobert und im Jahre 1565 an Österreich verkauft.

Sehenswert

Die **Pfarrkirche,** Barockbau vor 1700. – Das Oberallgäuer **Heimatmuseum** mit Bauernstuben, Allgäuer Käsküche, Bauernkunst und Erinnerungen an Allgäuer Künstler. – Das ehemalige **Schloß** des Grafen von Königsegg-Rothenfels am Marktplatz. – **Renaissanceschlößchen** in Rauhenzell.

MISSEN-WILHAMS

Mitgliedsgemeinde einer Verwaltungsgemeinschaft, Ldkr. Oberallgäu, Einw.: 1.100, Höhe: 854 m, Postltz.: D-87547. **Auskunft:** Verkehrsverein Missen-Wilhams. **Bahnstation:** Immenstadt (11 km). Busverbindung mit Immenstadt.

OBERSTAUFEN mit Ortsteilen Aach, Steibis und Thalkirchdorf

Markt, Ldkr. Oberallgäu, Einw.: 4.100, Höhe: 792 m, Postltz.: D-87534. **Auskunft:** Kurverwaltung Oberstaufen. **Bahnstation:** Oberstaufen. Busverbindung mit allen Richtungen. **Bergbahnen:** Hochgratbahn, Kabinenseilbahn, Sessel- und Schlepplifte.

Der bekannte Kurort und Wintersportplatz Oberstaufen liegt auf der Wasserscheide zwischen Rhein und Donau; die Eisenbahnlinie München–Zürich erreicht hier in rund 800 m Seehöhe den höchsten Punkt. Nicht allein seine herrliche Lage, sondern darüber hinaus die Tatsache, einziger anerkannter Schrothkurort zu sein, haben Oberstaufen so berühmt gemacht. Es liegt etwas abseits der Deutschen Alpenstraße (Bundesstraße 308 führt am Ort vorbei) und ist doch dem großen Verkehrsnetz angeschlossen, so daß es sowohl mit internationalen D-Zügen als auch mit Pkw und Omnibus aus allen Richtungen erreicht werden kann. Nebelfreie Lage und saubere Luft sind die Voraussetzungen für einen wohltuenden Ferienaufenthalt. Wer nicht unmittelbar im Kurbetrieb Aufenthalt nehmen will, dem stehen die durch Eingemeindung zu Oberstaufen gehörigen Orte Aach (an der österreichischen Grenze), Thalkirchdorf (tiefer gelegen im Konstanzer Tal) und Steibis (höher gegen die Berge zu gelegen) zur Auswahl. Die Sport- und Unterhaltungsmöglichkeiten sind vielzählig. Aber nicht nur im Sommer und Herbst, sondern auch im Winter und Frühjahr ist die ganze Gemeinde auf den Fremdenverkehr und den Kurbetrieb eingestellt. Nicht weniger als 34 Skilifte, 2 Sessellifte und eine Kabinenbahn stehen in diesem Gebiet in Betrieb, um dem Skifahrer Aufstiegshilfen für leichte bis schwierige Abfahrten zu bieten. Dem Wanderer stehen im Sommer auch viele schattige, bequeme Wanderwege zur Verfügung, die auch im Winter vielfach geräumt werden. Das Kurhaus in Oberstaufen ist Mittelpunkt des gesellschaftlichen Lebens. Aber auch der einfache Wanderer findet unter dem Motto »Urlaub auf dem Bauernhof« eine gute Bleibe. Über 70 Höfe bewerben sich um seine Gunst. Die Zahl der Ausflugs- und Wandermöglichkeiten ist hier besonders groß, ist doch die Gemeinde durch die Eingemeindungen nunmehr an die 80 Quadratkilometer groß. Sie reicht von der österreichischen Grenze bis an die Gipfel der westlichen Nagelfluhkette und östlich weit hinab ins Konstanzer Tal.

STEIN IM ALLGÄU

Stadtgde. Immenstadt, Ldkr. Oberallgäu, Einw.: 300, Höhe: 710 m. Postltz.: D-87509. **Auskunft:** Gästeamt Immenstadt. **Bahnstation:** Immenstadt (2 km). Busverbindung mit Immenstadt.

Sehenswert

In der gotischen Pfarrkirche **Messingguß-Epitaphe** von 1493 und 1517. – Unmittelbar südlich von Stein an der Bundesstraße die große **Burgruine Laubenberg** auf bewaldeter Anhöhe, im Inneren der Ruine eine Gedenktafel.

Wanderungen und Bergtouren im Gebiet Immenstadt – Nagelfluhkette

58 **Bergwanderung:** Immenstadt – Mittagbahn – Steineberg, 1.660 m – Stuiben, 1.749 m

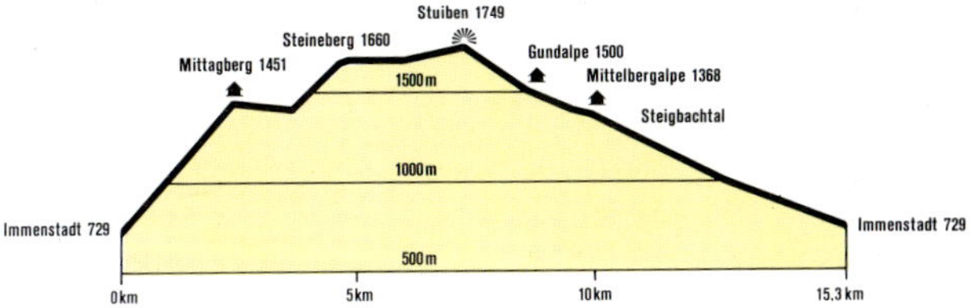

Ausgangspunkt: Immenstadt
Parken: Talstation der Mittag-Sesselbahn
Höhenunterschied: 1.000 m
Wanderzeit: 6 Std.
Schwierigkeitsgrad: mittel!
Einkehr: Mittag-Gipfelhütte, Mittelbergalpe

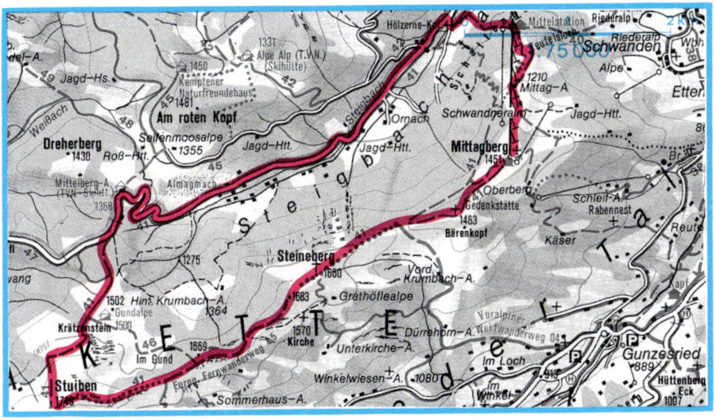

Tourenverlauf: Von der Talstation der Mittag-Sesselbahn auf der Skiabfahrt hinauf über den Schattenberg bis zur Mittelstation. Dort nehmen wir den Weg, der links weitergeht und wandern zur Mittagalpe. Von hier müssen wir noch ca. 200 Höhenmeter bis zum Gipfel und zugleich zur Bergstation des Sesselliftes bewältigen. Damit die Tour nicht zu anstrengend wird, kann dieser Abschnitt mit dem Sessellift zurückgelegt werden. Man würde dadurch 1³/₄ Std. einsparen.
Wir halten uns an den Wegweiser »Stuiben«. Vorbei am Bärenkopf gelangt man zum Gipfelkreuz des Steineberg. Wir gehen nun leicht abwärts immer in südwestlicher Richtung, wobei wir eine Stelle passieren, die mit Drahtseilen gesichert ist. Vorsicht! Um auf den Gipfel des Stuiben zu gelangen, müssen wir wieder einige Höhenmeter aufsteigen. Das letzte Stück geht in steilen Kehren über Fels hinauf und ist teilweise mit Drahtseilen gesichert.
Zwischen Stuiben und Sederer geht ein Weg rechts hinunter. Dieser führt in nördlicher Richtung, und später in nordöstlicher Richtung vor-

bei an den Wänden des Stuiben zur Gundalpe. Diese Alpe lassen wir rechts liegen und wandern geradeaus über Wiesen zur Mittelbergalpe (vorbei an Telefonmasten). Von dort in nordöstlicher Richtung zum Ferienheim Almagmach und dem Steigbach folgend bis zur Hölzernen Kapelle. Wir verlassen den Fahrweg nach rechts und gelangen über das Steigbachtobel, später vorbei am Friedhof, zu unserem Ausgangspunkt zurück.

59 **Bergtour:** Höhenweg Nagelfluhkette – Hochgrat, 1.833 m

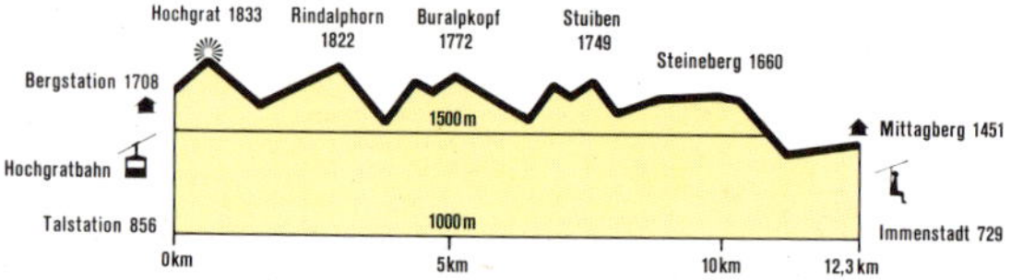

Ausgangspunkt: Oberstaufen
Parken: Talstation Hochgratbahn
Höhenunterschied: 1.100 m
Wanderzeit: 7 Std.

Schwierigkeitsgrad: nur für Geübte!
Einkehr: Bergrestaurant, Staufnerhaus, Immenstadt
Karte: siehe auch Seite 109

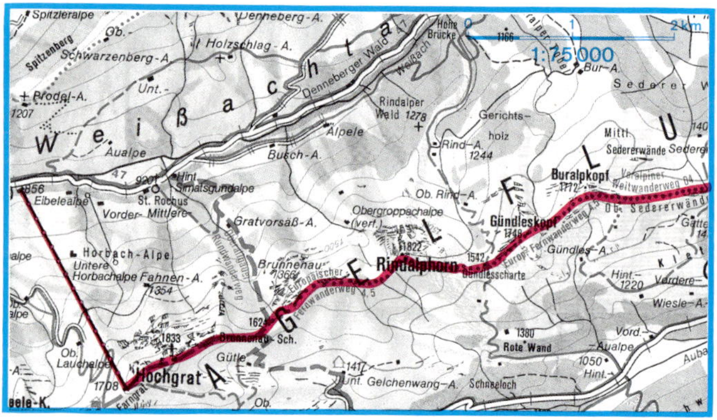

Tourenverlauf: Die 20 km lange Nagelfluhkette erstreckt sich vom Mittag bei Immenstadt im Osten bis zum Hochhäderich im Westen.
Mit der Hochgratbahn erreichen wir die Bergstation. Von dieser gelangt man in einer Viertelstunde zum Gipfel des Hochgrates. Von dort kommt man hinunter zur Brunnenauscharte. Über den Europäischen Fernwanderweg 4/5 geht es weiter auf das Rindalphorn. Ca. 300 Höhenmeter weiter unten befindet sich die Gündlesscharte. Weiter auf dem Europäischen Fernwanderweg zum Gündleskopf und zum Buralpkopf. Über die Sedererwände gelangt man auf den Sederer und dann auf den Stuiben. Links hinunter käme man in einer halben Stunde zur Gundalpe, die zeitweise bewirtschaftet ist. Vom Stuiben geht man entlang eines Drahtseiles über den Grat zum Steineberg und zum Mittagberg. Nach Lift-Betriebsschluß (17 Uhr) wandert man noch 1½ Stunden bis nach Immenstadt.

(60) **Bergwanderung:** Immenstadt – Immenstädter Horn, 1.490 m

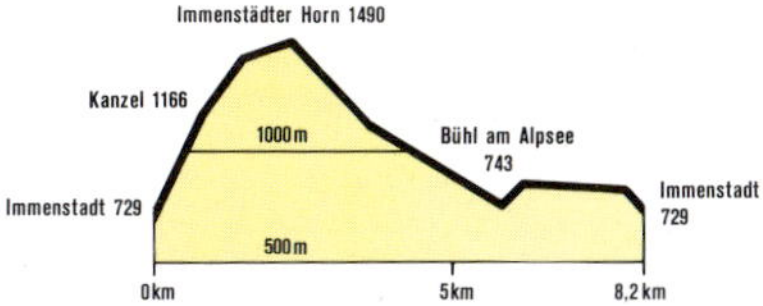

Ausgangspunkt: Immenstadt
Parken: Parkplatz beim Friedhof
Höhenunterschied: 760 m
Wanderzeit: 4 1/2 – 5 Std.
Schwierigkeitsgrad: mittel!

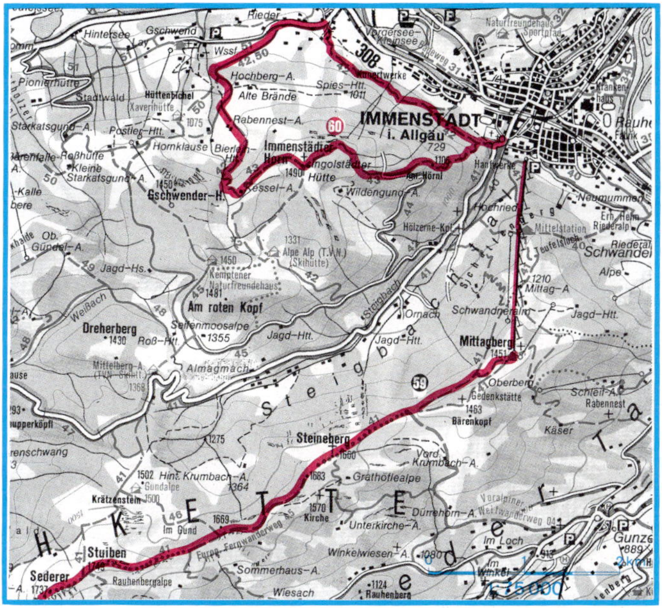

Tourenverlauf: Vom Parkplatz beim Friedhof in Immenstadt auf der Fahrstraße bis zur Abzweigung des Hornweges Nr. 42, dabei gehen wir rechts und später auf dem Hornweg links abzweigend auf einen Bergpfad. Dieser führt in vielen Kehren steil bergauf durch den Wald. Nach ca. 1 Std. erreicht man die »Kanzel«, die man an den Ruhebänkchen erkennt. Von der »Kanzel« in 1.166 m Höhe geht man auf dem Pfad weiter, wobei äußerste Vorsicht geboten ist. Wir erreichen eine Forststraße, nehmen dabei nicht den Weg links hinunter, sondern in westlicher Richtung weiter durch den Wald. Man erreicht nach ca. 1 Std. von der »Kanzel« das Immenstädter Horn. Vom Gipfel gehen wir bergab über Almwiesen zur Kesselalpe. Wir gehen bis zum Bach hinunter. Über einen steinigen Weg und durch den Wald gelangt man zur Rabennestalpe. Ein Schotterweg führt hinunter nach Rieder. Wir wandern nun auf der Straße ca. einen Kilometer, und zweigen rechts in den Hornweg ein. Dieser führt teils durch einen lichten Wald immer leicht bergauf und bergab zurück nach Immenstadt

61 **Wanderung:** Thalkirchdorf – Bühl – Immenstadt

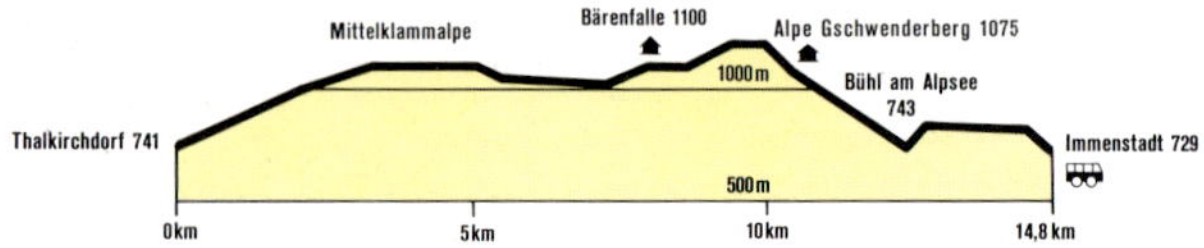

Ausgangspunkt: Thalkirchdorf
Parken: im Ort
Höhenunterschied: 420 m
Wanderzeit: 5 Std.

Schwierigkeitsgrad: leicht!
Einkehr: Schwändle, Alpe Gschwenderberg, Gh. Bärenfalle
Karte: siehe auch Seite 111

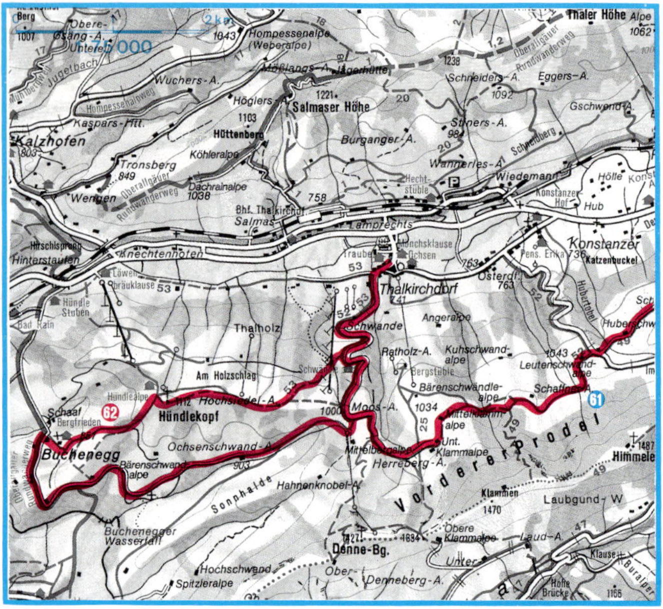

Tourenverlauf: Von Thalkirchdorf auf asphaltierter Straße links vorbei an zwei kleinen Schleppliften in Serpentinen zum Gh. Schwändle. Der asphaltierten Straße entlang bis zur Mittelklammalpe. Auf einem Pfad wandert man aufwärts, überquert das Weißebachtobel und gelangt zur Schaffneralpe. Nach dieser überquert man wiederum einen kleinen Bach, geht vorbei an einem kleineren Moor und erreicht hangabwärts die Leutenschwandalpe. Über die Schwingundalpe und die Rauhgundalpe, durch das Mühltobel und über Wiesen zur Unteren Kalle. Wir queren einen Lift und wandern hinauf zur Bergstation, wo sich das Gh. Bärenfalle befindet. Über einen Hang hinunter, dann durch den Wald zum Ratholzer Tobel. Wir passieren anschließend die Kleine Starkatsgundalpe, die Postlerhütte, passieren einen Lift und nehmen den Weg, der links zur Alpe Gschwenderberg führt. Über den Hüttenbichel geht

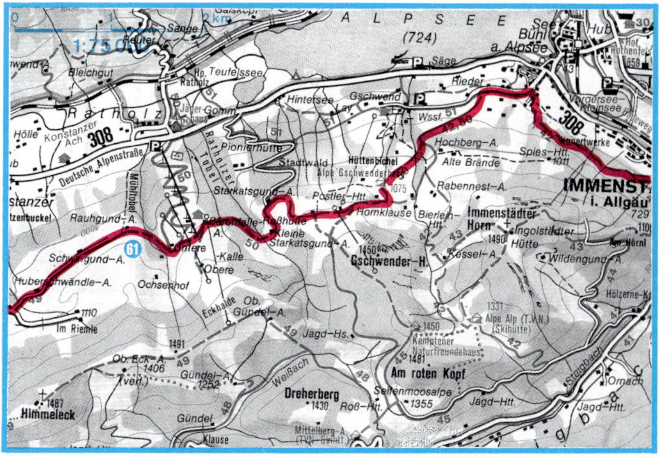

man in den Gschwender Tobel, auf der anderen Seite auf einem Fußweg hinauf erreichen wir einen Güterweg, der nach Rieder führt. Ab hier bis Immenstadt wie in Tour 60 beschrieben.

62 **Bergwanderung:** Thalkirchdorf – Hündlekopf, 1.112 m

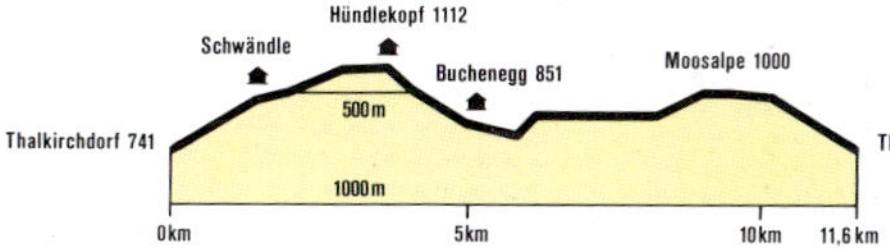

Ausgangspunkt: Thalkirchdorf
Parken: im Ort
Höhenunterschied: 570 m
Wanderzeit: 2 Std.
Schwierigkeitsgrad: mittel!
Einkehr: Gh. Traube, Gh. Schwändle, Hündlealpe
Karte: siehe Seite 110

Tourenverlauf: Vom Gasthaus Traube in Thalkirchdorf wandern wir auf einer Mautstraße in Serpentinen hinauf zum Gasthaus Schwändle. Dieses Stückchen könnte man auch mit dem Auto gegen eine entsprechende Mautgebühr zurücklegen. Von hier geht es dann in westlicher Richtung weiter über die Hochsiedelalpe zur Hündlealpe. Wer auf den Gipfel des Hündlekopfes steigen will, erreicht diesen in wenigen Minuten. Dem Wegweiser »Buchenegger Wasserfälle« folgen wir am nächsten Wegabschnitt. In Buchenegg stoßen wir auf eine kleine Straße. In südlicher Richtung, also links weitergehend und auf die Wegweiser achtend, benützen wir ein kurzes Stück den Oberallgäuer Rundwanderweg. Rechts unter uns sehen wir einen Bach. Zu den Buchenegger Wasserfällen hinunter führt ein steiler Steig. Wir gehen immer geradeaus bis zur Moosalpe. Von hier hinunter nach Schwande und Thalkirchdorf zurück.

63 **Bergwanderung:** Missen – Thaler Höhe, 1.166 m – Oberstaufen

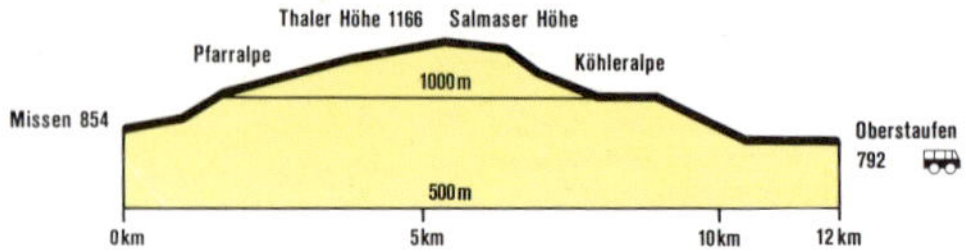

Ausgangspunkt: Missen
Parken: im Ort
Höhenunterschied: 310 m
Wanderzeit: 5–6 Std.

Schwierigkeitsgrad: mittel!
Einkehr: Wengener Höfle, Oberstaufen

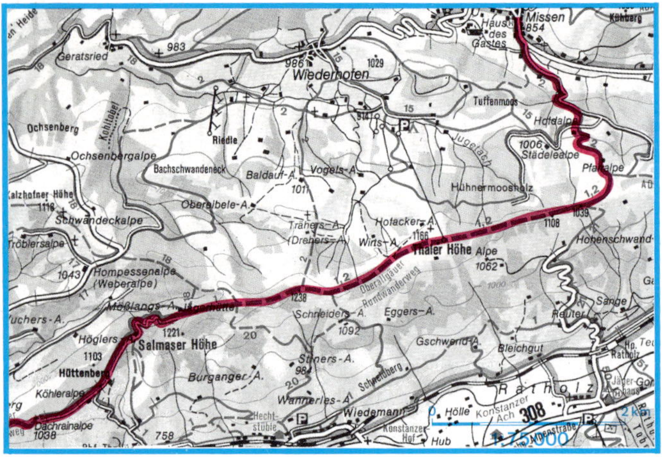

Tourenverlauf: Von der Kirche in Missen geht man am Friedhof vorbei und spaziert auf der Hauptstraße in Richtung Immenstadt. Nach ca. 150 m zweigt ein Güterweg rechts ab. Dieser führt uns in einigen Kehren, vorbei an Wiesen und Wald, über die Holdalpe zur Pfarralpe. Wir wandern weiter in südlicher Richtung hinauf auf den Grat. Hier erleben wir einen herrlichen Blick auf den Alpsee und auf die Nagelfluhkette. Auf dem Grat, immer in westlicher Richtung wandernd, kommt man zum Gipfelkreuz auf der Thaler Höhe, wobei wir auch den Skilift Wiederhofen passieren. Von hier gehen wir weiter leicht bergauf und kommen zur Salmaser Höhe (Gipfelkreuz und Ruhebänke). Über Viehweiden und dann links abzweigend über einen Grasrücken gehen wir weiter zum Wald. Ein Alpweg führt uns vorbei an der Köhleralpe. Man schlendert nun weiter in südwestlicher Richtung zur Dachrainalpe. Auf diesem Weg, der mit dem Oberallgäuer Rundwanderweg identisch ist, gelangen wir hinunter nach Wengen bei Oberstaufen. Etwa 400 m gehen wir auf der Bundesstraße Richtung Norden, verlassen diese nach links und gehen am Fuße des Staufner Berges nach Oberstaufen (Rückfahrt per Bus nach Missen).

Oberstaufen mit Staufner Berg

64 **Wanderung:** Oberstaufen – Staufner Berg, 1.032 m

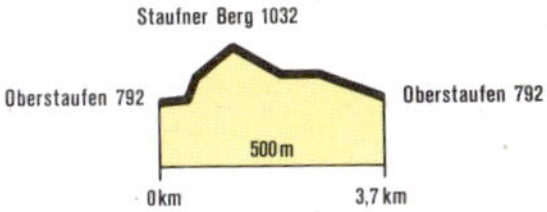

Ausgangspunkt: Oberstaufen
Parken: im Ort
Höhenunterschied: 240 m
Wanderzeit: 1¼ Std.
Schwierigkeitsgrad: leicht!
Karte: siehe Seite 114

Tourenverlauf: Im Osten von Oberstaufen befindet sich der Staufner Berg. Dieser Berg gab dem Ort den Namen, denn »Stauf« bedeutet stumpfer Kegel. Auf Waldwegen gelangt man auf seinen Gipfel in 1.032 m Höhe.

Wir wandern in Oberstaufen Richtung Bahnhof. Beim Eisenbahntunnel nehmen wir den Weg, der links hinaufführt, und gelangen in einigen Kehren zur »Staufener Juhe«. Hier bietet sich uns eine herrliche Aussicht ins Weißachtal und bei guter Fernsicht kann man bis zum Säntis in der Schweiz sehen. Durch den Wald gelangt man zum Staufengipfel. Hier ist die Aussicht wegen der dichten Bewaldung sehr beschränkt. Der Abstieg kann über den Hirschlsprung erfolgen, der sich in östlicher Richtung des Gipfels befindet. Durch den Wald kommt man schließlich zur Talstation des Skiliftes, diesen passieren wir und gehen auf der Immenstädter Straße zurück nach Oberstaufen.

(65) **Wanderung:** Oberstaufen – Willis – Gfäll – Hinterhalden – Eibele – Döbilisried

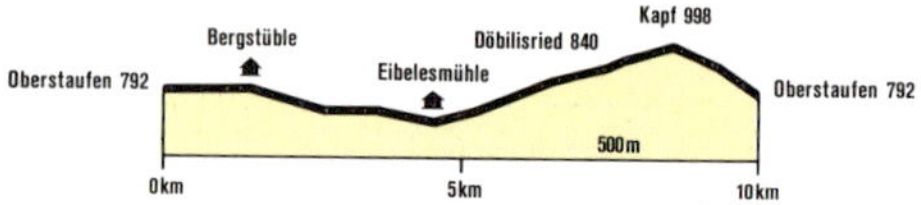

Ausgangspunkt: Oberstaufen
Parken: im Ort
Höhenunterschied: 300 m
Wanderzeit: 4 Std.

Schwierigkeitsgrad: leicht!
Einkehr: Bergstüble in Willis, Ponyhof, Eibelesmühle

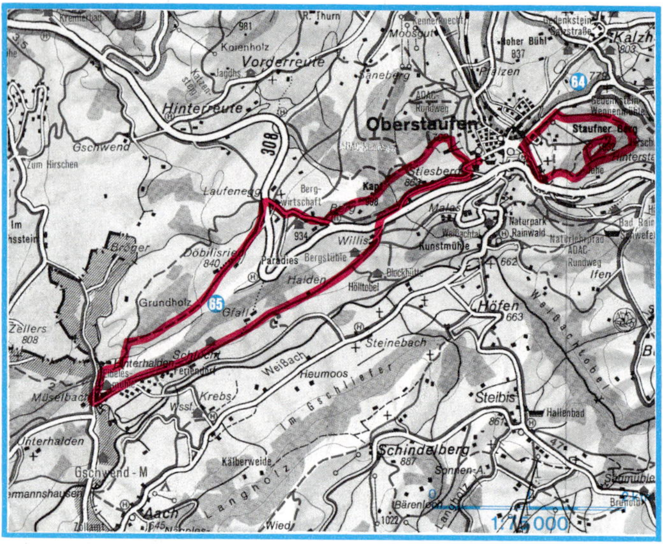

Tourenverlauf: Von Oberstaufen durch Stiesberg bis zur B 308. Diese überqueren wir und gelangen über Willis zum Bergstüble. Am Wildpark vorbei kommt man zum Ponyhof in Hinterhalden. In Eibele hat man die Möglichkeit, in der Eibelesmühle Rast zu machen. Wenn wir vorbei an der Eibelesmühle gehen und den Weg rechts hinauf nehmen, sehen wir einen von den drei Eibele-Wasserfällen. Auf diesem Güterweg gelangt man zu einem Wegweiser »Döbilisried – Berg«. Diesen Fußpfad, der in nordöstlicher Richtung weggeht, schlagen wir ein und wandern teils durch den Wald über Döbilisried und vorbei an den Höfen von Laufenegg nach Berg. Weiter im Osten befindet sich ein hügeliges Waldgebiet, der Altensberger Wald, dessen höchster Punkt der Kapf ist. Von hier gelangt man auf markierten Wegen nach Oberstaufen. Auf dem Kapf hat man einen herrlichen Blick auf die Nagelfluhkette, auf die Mörzelspitze im Bregenzerwald, auf einige Bregenzerwälder Dörfer, den Hohen Freschen und das Hochälpele. Bei guter Fernsicht sieht man die Churfirsten, den Säntis und den Altmann in der Schweiz.

66 **Bergwanderung:** Steibis – Eineguntkopf, 1.641 m

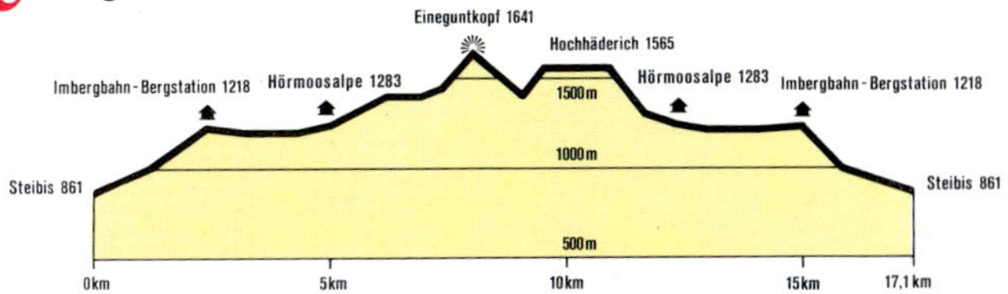

Ausgangspunkt: Steibis
Parken: Talstation der Imbergbahn
Höhenunterschied: 945 m
Wanderzeit: 5 Std.

Schwierigkeitsgrad: mittel!
Einkehr: Hochbühlalpe, Hörmoosalpe, Falkenhütte

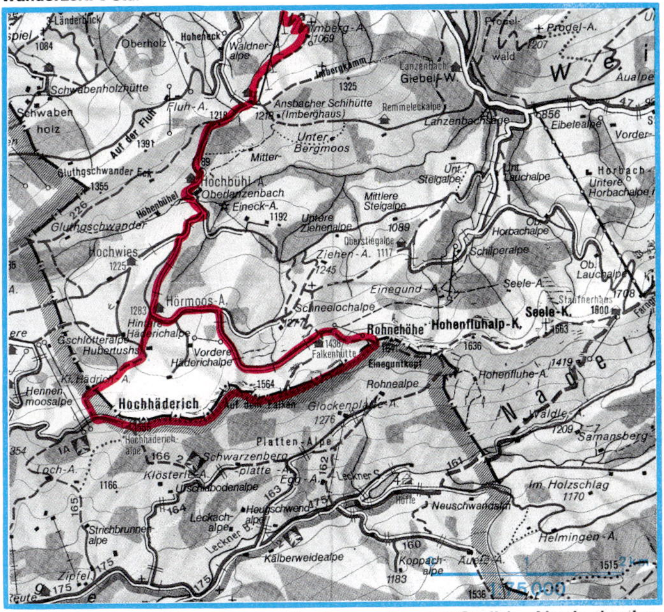

Tourenverlauf: Ausgangspunkt dieser Tour ist Steibis. Nach der Imbergbahn rechts hinauf, vorbei an der Imbergalpe zur Bergstation der Imbergbahn. Von hier in südwestlicher Richtung zur Hochbühlalpe. Wir überqueren den Oberlanzenbach, und gehen weiter in Richtung Hörmoosalpe. Von dort in Richtung Osten, also links und dann nicht zur Schneelochalpe, sondern in südlicher, später in östlicher Richtung zur Falkenhütte. Der Weg zum Eineguntkopf ist nun nicht mehr weit.

Der Abstieg erfolgt in westlicher Richtung »Auf dem Falken« zum Hochhäderich. Schwindelfreiheit und Trittsicherheit sind erforderlich! Der Weg ist teilweise mit Drahtseilen gesichert. Der weitere Abstiegsweg geht über die Kleine Häderichalpe zum Hubertushaus und weiter zur Hörmoosalpe. Zur Talstation des Liftes zurück benützen wir den Aufstiegsweg.

67 **Bergtour:** Oberstaufen – Hochgratbahn – Hochhäderich, 1.565 m

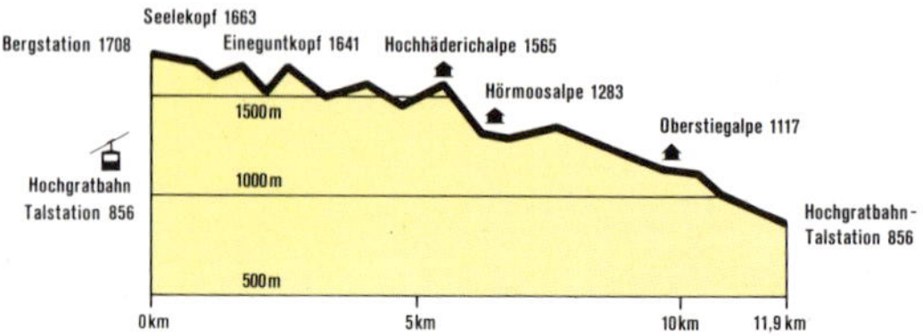

Ausgangspunkt: Oberstaufen
Parken: Talstation der Hochgratbahn
Höhenunterschied: 1.250 m
Wanderzeit: 4 – 5 Std.
(ohne Seilbahnbenützung ca. 6½ Std.)
Schwierigkeitsgrad: nur für Geübte!
Einkehr: Staufnerhaus, Oberstiegalpe, Hörmoosalpe

Tourenverlauf: Wir fahren entweder mit der Hochgratbahn bis zur Bergstation oder wir gehen bis zum Staufnerhaus wie in Tour Nr. 68 beschrieben. Vom Staufnerhaus in westlicher Richtung in leichtem Auf

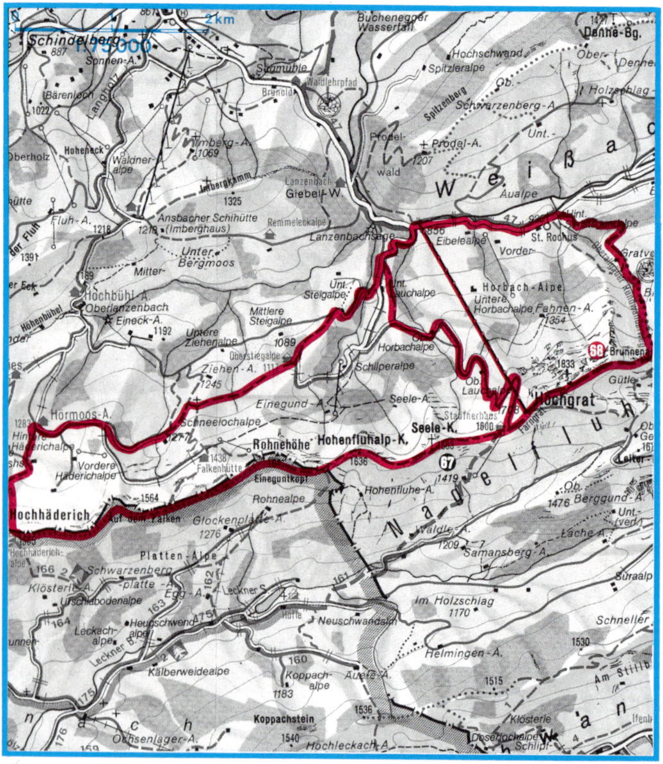

und Ab über den Seelekopf, den Hohenfluhalpkopf zum Eineguntkopf. Bis hierher war die Wanderung nicht schwierig, jedoch der weitere Weg erfordert Schwindelfreiheit und Trittsicherheit.
Wir wandern weiter »Auf dem Falken« Richtung Hochhäderich. Dieser Weg ist teilweise mit Drahtseilen gesichert. Der Abstieg erfolgt über die Kleine Häderichalpe. Wir queren einen Lift und gehen weiter bis zur Hörmoosalpe, nehmen dort den Weg, der rechts weggeht und wandern über die Schneelochalpe und Oberstiegalpe zur Unteren Lauchalpe und weiter bis zur Talstation der Hochgratbahn.

68 **Bergwanderung:** Oberstaufen – Hochgratbahn – Hochgrat, 1.833 m

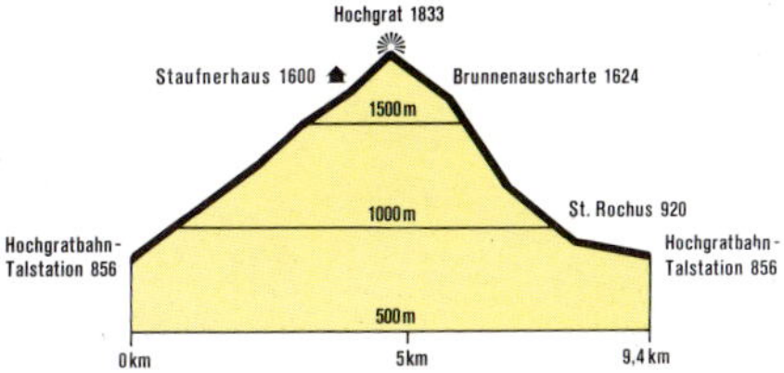

Ausgangspunkt: Oberstaufen
Parken: Talstation der Hochgratbahn
Höhenunterschied: 980 m
Wanderzeit: 5¼ Std.

Schwierigkeitsgrad: mittel!
Einkehr: Staufnerhaus
Karte: siehe Seite 116

Tourenverlauf: Ausgangspunkt unserer Wanderung ist die Talstation der Hochgratbahn. Bis hierher fährt man entweder mit dem Auto oder mit einem Autobus von Oberstaufen über Steibis an. Wenn man den Aufstieg scheut, kann man mit der Bahn hochfahren, und erreicht den Gipfel in einer halben Stunde.
Vor der Talstation der Bahn führt ein Güterweg mit Fahrverbot Richtung Untere Lauchalpe. Der Wegweiser »Staufnerhaus – Hochgrat, 2 Std.« zeigt uns den Weg. Über Alpweiden aufwärts zur Oberen Horbachalpe und in einigen Kehren, vorbei am Horbachwasserfall, zur Oberen Lauchalpe und bis zum Staufnerhaus. In einer halben Stunde kann man den Hochgratgipfel, auch Fanachgipfel genannt, erreichen. Der Hochgrat ist mit seinen 1.833 m der höchste Gipfel der fast 20 km langen Nagelfluhkette. Dieses ist Molassegebiet (von lat. molare = mahlen) und besteht aus Sandsteinen, Tonen, Mergeln und Nagelfluhen, die in unzähligen Schichten übereinander gelagert sind. Der Abstieg kann auf demselben Weg erfolgen. Eine andere Möglichkeit besteht, indem man vom Gipfel in östlicher Richtung zur Brunnenauscharte weiterwandert. Im Fels helfen kleine Seilsicherungen beim Abstieg. An einigen aufgelassenen Alphütten vorbei gelangt man zur Brunnenau und weiter zur Gratvorsäßalpe. Durch den Wald kommt man hinunter zur Hinteren Simatsgundalpe. Hier befindet sich eine Kapelle, die dem hl. Rochus geweiht ist. Auf dem Weg, in westlicher Richtung wandernd, kommt man zurück zur Talstation der Hochgratbahn.

69 **Wanderung:** Bühl – Salmaser Höhe, 1.221 m

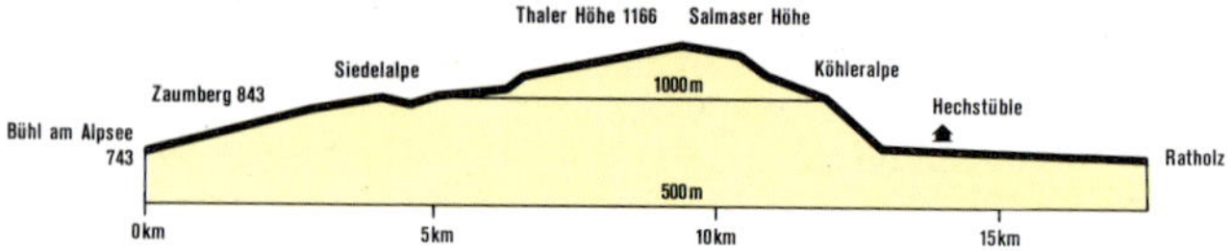

Ausgangspunkt: Bühl am Alpsee
Parken: markierter Parkplatz im Ort (beim Verkehrsamt)
Höhenunterschied: 420 m
Wanderzeit: 5 Std.
Schwierigkeitsgrad: leicht!
Einkehr: Hechtstüble

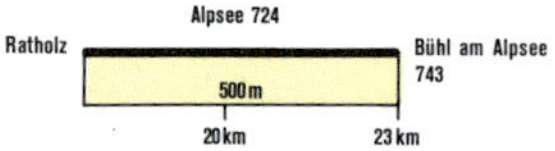

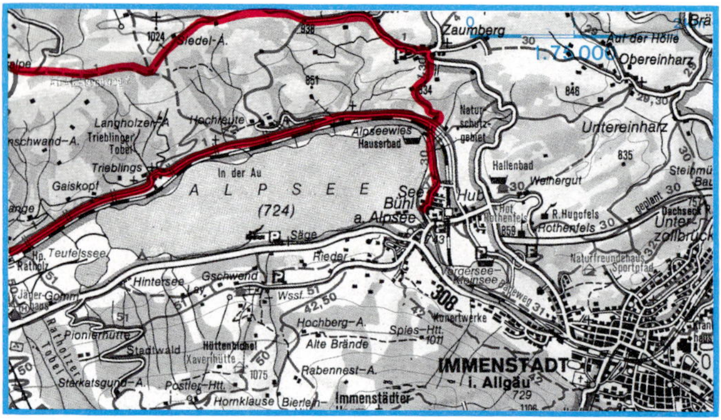

Tourenverlauf: Wir wandern am Ostufer des Alpsees entlang, spazieren durch die Bahnunterführung und weiter Richtung Zaumberg. In Zaumberg gehen wir gleich beim Ortseingang in nordwestlicher Richtung durch den Wald und über Bergwiesen zur Siedelalpe, die bewirtschaftet ist. Der weitere Weg führt uns vorbei an der Pfarralpe und von

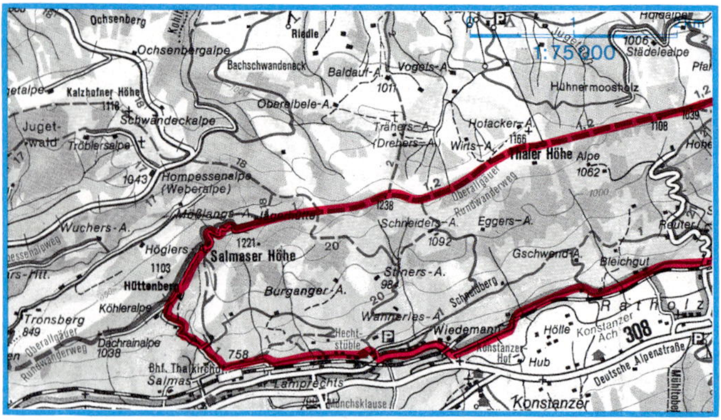

dort leicht bergauf zum Hühnermoosholz. Hier bietet sich uns ein traumhafter Blick auf den Alpsee. Vorbei am Wiederhofer Skilift erreicht man die Thaler Höhe (Kreuz). Teils über den bewaldeten Höhenrücken, erreichen wir immer geradeaus die Salmaser Höhe (Kreuz). Die Ruhebänke laden zu einer verdienten Rast ein. Nun müssen wir ca. 500 Höhenmeter absteigen. Wir wandern hinunter in südlicher Richtung zum Hüttenberg, wobei wir uns immer an den Wegweiser »Thalkirchdorf/Salmas« halten. Beim Bahnhof Thalkirchdorf (Rückfahrt per Bahn) gehen wir links entlang der Gleise, vorbei am Hechtstüble und später am Nordufer des Alpsees zurück nach Bühl am Alpsee.

70 **Wanderung:** Missen – Schwabenberg, 1.242 m

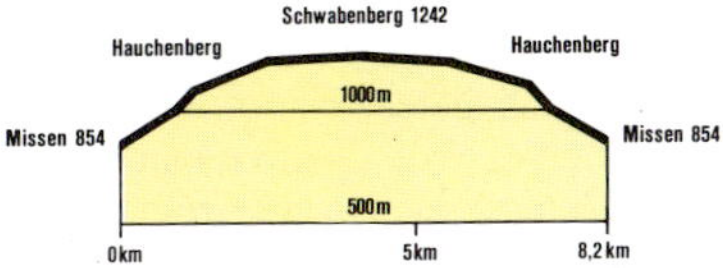

Ausgangspunkt: Missen
Parken: im Ort
Höhenunterschied: 390 m
Wanderzeit: 1½ Std.
Schwierigkeitsgrad: leicht!

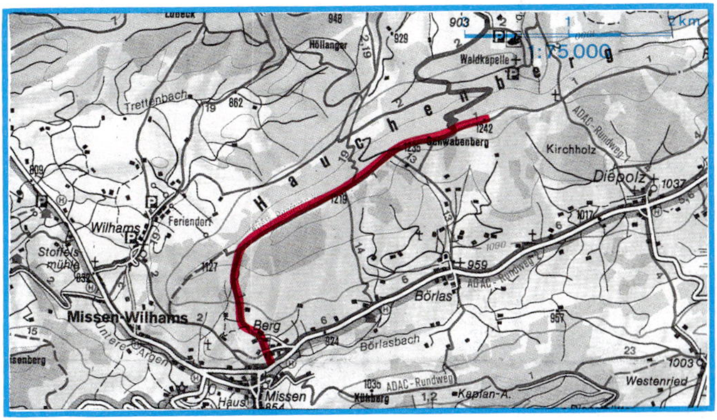

Tourenverlauf: Von Missen geht man auf der Straße Richtung Berg, wobei man bei der großen Kurve am Beginn der Steigung nach links abbiegt. Bergauf über Wiesen und Weiden gelangt man über den »Katzensteig« nach Berg.
Hier nimmt man einen schmalen Pfad, der zu einem Hof führt. Der Weg führt zu einem kleinen Bächlein, von dort mäßig bergauf auf den Hauchenberg. Auf dem Kamm nehmen wir den Weg, der rechts weggeht. Man geht bergauf durch lichten Wald und Grasflächen zur Kammhöhe des Hauchenberges. Von hier genießt man einen herrlichen Rundblick auf die Allgäuer Alpen, bei guter Sicht bis zum Säntis. Der Rückweg erfolgt auf demselben Weg.

ALLGÄUER HÖHENWEG

Mittelberg – Wildental – Fiderepaßhütte, 2067 m – Mindelheimer Hütte, 2.013 m:
Wanderzeit: 5 Std.

Wir wandern von Mittelberg ins romantische Wildental. Auf der Wildentalstraße wandern wir hinauf zum Gasthaus Schwendle. Auf einer Schotterstraße geht es weiter vorbei am Alpengasthof Bergheim zur Unterwiesalpe. Mäßig bergauf erreicht man über die Innere Wies (Jausenstation) die Fluchtalpe (Wegweiser). Wir halten uns hier Richtung Fiderepaß. Steil bergauf in Kehren gelangt man zur Fiderepaßhütte. Ein kleines Stückchen nach dieser Hütte kommen wir zu einem Wegweiser, der uns den Weg zur Mindelheimer Hütte weist. Nach einem Schotterfeld kommen wir zu einer Wegverzweigung. Wenn wir den Weg nehmen, der links weggeht, gelangt man auf dem Krumbacher Höhenweg über die Saubuckel zur Oberen Angererhütte und weiter zur Mindelheimer Hütte. Rechts kommt man zum Mindelheimer Klettersteig. Dieser erfordert Trittsicherheit und Schwindelfreiheit. Der Klettersteig ist durch Leitern, Eisengriffe und Seile gesichert. Immer auf die Markierung achten. Man klettert auf und ab bis zum Gipfelkreuz des Kemptner Kopfes. Über einen steilen Grasgrat hinunter zur Kemptner Scharte. In 10 Minuten erreicht man die Mindelheimer Hütte.

Mindelheimer Hütte – Schrofenpaß, 1.687 m – Salzbücheljoch – Rappenseehütte, 2.091 m:
Wanderzeit: 5–6 Std.

Von der Mindelheimer Hütte in südlicher Richtung zum Schrofenpaß. Wir wandern vorbei am Wildengundkopf hinunter »im hängenden Gern«, ins Haldenwanger Tal. Den Haldenwanger Bach überquerend, dabei in östlicher Richtung weitermarschierend geht man über Almweiden, teilweise Geröll und Schutt hinauf zum Schrofenpaß. Hier führt ein Weg hinunter nach Lechleiten. Wir nehmen aber den Weg, der links in einem großen Bogen um den Grüner herumführt und steigen zum Salzbücheljoch auf. Nun über Geröllhalden und Schuttfelder vorbei am Mutzenkopf. Wir überqueren den Mutzentobel. Rechts von unserem Weg sieht man den Hochrappenkopf und den Kleinen Rappenkopf. An der Schafalpe vorbei, später links vorbei am Seebichl und rechts am Mußkopf kommt man zur Rappenseehütte.

Rappenseehütte – Heilbronner Weg – Kemptner Hütte, 1.844 m:
Wanderzeit: 4–5 Std.

Von der Rappenseehütte in Richtung Südosten erreicht man steil bergauf die Große Steinscharte, die sich zwischen Rothgundspitze und Hochgundspitze befindet. Der weitere Weg führt über Schutt und Geröll. Bei der Weggabelung halten wir uns links. Rechts geht der Weg hinauf zum Hohen Licht. In einer 1/2 Stunde Aufstiegszeit hätte man den Gipfel erklommen.

Bei der vorhin erwähnten Stelle beginnt der Heilbronner Weg. Über die Nordhänge des Hohen Lichtes kommt man zu einem engen Felsspalt, dem Heilbronner Törl. Über die Kleine Steinscharte führt der Weg hinauf auf den Steinschartenkopf (Leiter). Der gesicherte Weg führt vorbei am Wilden Mann zur Socktalscharte hinunter, von dieser auf den geröllbedeckten Grat hinauf und weiter zum Bockkarkopf. Über die östliche Bockkarscharte erreicht man den Einstieg zur Mädelegabel. Diese erfordert Klettersicherhelt. Über Felssturzmaterial geht es weiter zu den Südhängen des Kratzers. An diesen Hängen vorbei, dann über Geröll und Almwiesen zur Kemptner Hütte.

Kemptner Hütte – Prinz-Luitpold-Haus, 1.846 m:
Wanderzeit: 7 Std.

Unser Weg führt von der Kemptner Hütte Richtung Mädelejoch, zweigt davor jedoch in Richtung Osten ab. Den Weg, der zum östlichen Mädelejoch führt, lassen wir unbeachtet und marschieren links weiter. Vorbei an den Westabstürzen des Muttlerkopfes, der Öfnerspitze und der Krottenspitzen erreicht man den Fürschießersattel. Herrlicher Blick zur Mädelegabel. Der Weg wendet sich beim Sattel Richtung Osten und auf einem Steig nimmt der Weg seinen Lauf ins Kar »Im Märzle«. Über Grashänge und Blumenwiesen zum Kreuzeck. Über herrliche Blumenteppiche wandert man zum Rauheck. Nun in nordöstlicher Richtung bergab über das Seichereck. Bei diesem über einen schmalen Steig von der Einsattelung zum Eissee hinunter. Dieser See ist manche Jahre bis in den Sommer hinein zugefroren. Nun in nordöstlicher Richtung, vorbei an der Jochspitze bis zu einer Weggabelung. Rechts führt der Weg zum Hornbachjoch. Wir wenden uns dem linken Weg zu und wandern an den Westwänden des Kleinen Wilden zur Wildenfeldhütte. Über das Mitteleck gelangt man zum Himmelecksattel, dann weiter rechts zur Schönberghütte. Von dieser hinunter zum Stierbach. An den grasigen Ausläufern des Wiedemerkopfes vorbei erreicht man das Prinz-Luitpold-Haus.

Prinz-Luitpold-Haus – Jubiläumsweg – Willersalpe, 1.456 m:
Wanderzeit: 6–7 Std.

Vom Prinz-Luitpold-Haus auf einem steilen Pfad hinauf zur Bockkarscharte. Über den Sattel zwischen Glasfelderkopf und Kesselspitz wandert man zur Notländ (länd = Lehne; Lehne, an der Futternot herrschte). Über die Südhänge des Schänzlekopfes und des Schänzlespitzes kommen wir zur Lehnerkopfscharte. Diese befindet sich zwischen Lehnerkopf und Kastenkopf. Vom Schreckenjöchle hinunter in die Mulde des Schrecksees (Wildsee). Nun in den Sattel zwischen Rauhhorn und Kugelhorn, weiter bis zur Schafwanne. Rechts von uns liegt das Gaißhorn. Herrlicher Blick auf den Vilsalpsee. Von der Schafwanne hinunter auf dem Jubiläumsweg zur Willersalpe.

Alpengasthöfe und Unterkunftshütten

Alle Angaben ohne Gewähr! Bitte erfragen Sie vor Beginn der Wanderung im Talort die Bewirtschaftungszeit und erkundigen Sie sich, ob eine Übernachtungsmöglichkeit besteht! (Die Koordinatenangaben beziehen sich auf die Felder in der KOMPASS-Wanderkarte Nr. 3 »Allgäuer Alpen – Kleinwalsertal«.)

Die Telefonnummern der wichtigsten Alpengasthöfe und Unterkunftshütten finden Sie auf Seite 128.

Allgäuer Berghof, 1.237 m (B 3), privat, Post: D-87527 Sonthofen, ganzjährig bewirtschaftet. Zugang: von Gunzesried, 1 Std. Übergänge: zur Kemptner Skihütte, $2^3/_4$ Std.; zur Otto-Schwegler-Hütte (vormals Ostertalhütte), $^3/_4$ Std. Gipfel: Rangiswanger Horn, 1.615 m, 2 Std. (leicht!).

Auenhütte, Hotel, 1.275 m (B 7), privat, Post: A-6991 Riezlern. Zugang: von Riezlern, 1 Std., mit Kfz bis zum Haus. Übergänge: zur Schwarzwasserhütte, 3 Std. (leicht); zur Ifenhütte, 1 Std. oder mit Sesselbahn.

Bernhardseck, 1.812 m (D 8), privat, Post: A-6652 Elbigenalp, im Sommer bewirtschaftet. Zugänge: von Elbigenalp, 2 Std.; von Bach, 2 Std. Übergänge: zur Kemptner Hütte über den Gumpensattel, 2.271 m, $3^1/_4$ Std., (mittel); zur Hermann-von-Barth-Hütte, über den Gumpensattel und die Krottenkopfscharte, 2.350 m, $5^1/_2$ Std. (mittel). Gipfel: Rothornspitze, 2.392 m, über den Gumpensattel, $1^3/_4$ Std. (leicht); Großer Krottenkopf, 2.657 m, über den Gumpensattel und die Krottenkopfscharte, $3^1/_2$ Std. (mittel!).

Bierenwangalpe, 1.580 m (B 7), privat, Post: D-87561 Oberstdorf, ganzjährig bewirtschaftet. Alles weitere siehe Kanzelwandhaus.

Bodenseehaus, 1.240 m (A 4), privat, Post: D-87538 Balderschwang, ganzjährig bewirtschaftet. Zugang: von Balderschwang, $^3/_4$ Std. Gipfel: Hochschelpen, 1.552 m, $1^1/_4$ Std. (leicht!).

Edmund-Probst-Haus, 1.925 m (C 5), Alpenverein, südlich des Nebelhorns, D-87561 Oberstdorf, im Sommer und Winter bewirtschaftet. Zugang: von der Nebelhornbahn-Bergstation, $^1/_2$ Std. (leicht). Übergänge: zum Oytalhaus, 3 Std. (mittel); zum Luitpold-Haus, $3^1/_2$ Std. (leicht); zur Kemptner Hütte, 8 Std. (nur für Geübte); zum Seealpsee, 40 Min. (leicht, Abstieg nur über den Gleitweg möglich, mittel); über das Gängele nach Retterschwang und Hinterstein, 6 Std. (mittel); über die Wengenalpe zum Giebelhaus, $5^1/_2$ Std. (mittel); am Geißalpsee entlang zur Geißalpe und nach Oberstdorf, 4 Std. (mittel). Gipfel: Nebelhorn, 2.224 m, 1 Std. (mittel); Großer Daumen, 2.280 m, $1^1/_2$ Std. (mittel); Schneck, 2.258 m, $4^1/_2$ Std. (nur für schwindelfreie Geübte); Großer Seekopf, 2.084 m, $^3/_4$ Std. (steile Grasflanken, je nach Verhältnissen mittel bis nur für Geübte).

Enzianhütte, 1.780 m (C 8), privat, bei der Linkersalm unterhalb der Rappenseehütte, D-87561 Oberstdorf, im Sommer bewirtschaftet. Zugang: von Einödsbach 2 Std. Übergang: zur Rappenseehütte, 2 Std. (leicht). Gipfel: Hohes Licht, 2.651 m, über die Große Steinscharte, 3 Std.

Fellhornbahn-Gipfelstation, 1.967 m (B 7), privat, D-87561 Oberstdorf, im Sommer und Winter bewirtschaftet. Zugang: mit der Seilbahn von Faistenoy; vom Kanzelwandhaus, $^1/_2$ Std. (leicht). Übergänge: zur Kanzelwandbahn Bergstation, $1^1/_2$ Std. (leicht); zur Fiderepaßhütte, $2^1/_2$ Std. (mittel); zur Söllereckbahn-Bergstation, 3 Std. (mittel); Wanderungen: zur Jausenstation Schlappoltalpe entlang des Schlappoltsees, 20 Min. (leich); zur Bierenwangalpe, 20 Min. (leicht); weitere Tourenmöglichkeiten entnehmen Sie bitte den Angaben unter Kanzelwandhaus.

Fiderepaßhütte, 2.067 m (B 7), Alpenverein, auf dem Fiderepaß, Post: D-87561 Oberstdorf, im Sommer bewirtschaftet. Zugänge: von Oberstdorf, 5 Std. (mittel); von Mittelberg, 3 Std.; von der Kanzelwandbahn-Bergstation, 2 Std. Übergänge: zur Mindelheimer Hütte, 3 Std. (mittel); Mindelheimer Klettersteig zur Mindelheimer Hütte, $4^1/_2$ Std. (nur für Geübte). Zur Oberen Widdersteinalpe über den Gemstelpaß, $2^1/_2$ Std. Gipfel: Nordöstlicher Schafalpenkopf, 2.320 m, $2^1/_2$ Std. (nur für Geübte); Hammerspitze (Schüsser), 2.170 m, 2 Std. (nur für Geübte).

Gaisalpe, Alpengasthaus, 1.149 m (C 5), im Geißalptal, Post: D-87561 Oberstdorf, im Sommer bewirtschaftet. Zugang: von Reichenbach, 1 Std. Übergänge: zum Edmund-Probst-Haus, $2^1/_2$ Std. (mittel); zum Altstädtner Hof über den Schnippenkopf, Heidelbeer-Kopf,

Gernkopf, 5 Std. Gipfel: Rubihorn, 1.957 m, 3 Std. (nur für Geübte); Entschenkopf, 2.043 m, 3 Std. (mittel); Geißalphorn, 1.953 m, 3 Std. (nur für Geübte).

Giebelhaus, 1.066 m (D 5), privat, Post: D-87541 Hinterstein, ganzjährig bewirtschaftet. Zugang: von Hinterstein, 2 1/2 Std., oder mit dem Kleinomnibus. Übergänge: zum Edmund-Probst-Haus durch das Obertal, 3 Std.; zum Prinz-Luitpold-Haus durch das Bärgündeletal, 2 1/2 Std.; zur Schwarzenberghütte, 1 Std. Gipfel: Großer Daumen, 2.280 m, 3 1/2 Std. (mittel).

Grasgehrenhütte, 1.447 m (B 5), privat, Post: D-87538 Obermaiselstein, ganzjährig bewirtschaftet. Zugang: vom Riedbergpaß, wenige Minuten. Übergang: zum Berghaus Schwaben, 2 Std. Gipfel: Riedberghorn, 1.786 m, 1 Std. (leicht).

Grüntenhaus, 1.535 m (C 2), privat, Post: D-87545 Burgberg, ganzjährig bewirtschaftet. Zugang: von Burgberg durch das Tal des Wustbaches, 2 Std. Gipfel: Übelhorn, 1.738 m, 3/4 Std. (leicht).

Hermann-von-Barth-Hütte, 2.131 m (D 7), Alpenverein, Post: A-6652 Elbigenalp, im Sommer bewirtschaftet. Zugang: von Elbigenalp, 3 1/2 Std. Übergänge: zur Kemptner Hütte über die Krottenkopfscharte, 2.350 m, 4 Std.; zum Kaufbeurer Haus über die Schwärzerscharte, 2.433 m, 5 Std. (mittel, bei Schneebelag Vorsicht an der Griesscharte!); nach Hinterhornbach über die Schönecker Scharte, 2.259 m, 4 Std. Gipfel: Plattenspitze (Ostgipfel), 2.486 m, über die Wolfebnerscharte, 1 1/2 Std. (mittel); Großer Krottenkopf, 2.657 m, über die Krottenkopfscharte, 3 Std. (mittel).

Höfatsblick, Hotel, 1.929 m (C 5), privat, in unmittelbarer Nähe des Edmund-Probst-Hauses, alles weitere siehe dort.

Hörnerhaus (Kemptner Schihütte), 1.362 m (B 4), am Bolsterlanger Horn, privat, Post: D-87538 Bolsterlang, im Sommer bewirtschaftet. Zugänge: von Bolsterlang, 1 Std.; von Fischen, 2 Std. Übergang: zur Wannenkopfhütte über das Riedberghorn, 4 Std. (mittel). Gipfel: Weiherkopf, 1.665 m, 3/4 Std. (mittel); Bolsterlanger Horn, 1.586 m, 1/2 Std. (leicht); Riedberghorn, 1.786 m, 2 Std. (mittel, sehr lohnend, im Winter als einer der schönsten Schitourenberge Deutschlands bekannt).

Ifenhütte, 1.592 m (A, B 7), privat, östlich des Hohen Ifen, Post: A-6993 Mittelberg, im Sommer und Winter bewirtschaftet. Zugänge: von Riezlern, 2 Std.; oder mit der Sesselbahn. Gipfel: Hoher Ifen, 2.230 m, 2 1/2 Std. (die Überquerung des Gottesackerplateaus ist nur bei sicheren Wetterverhältnissen zu empfehlen, Drahtseilsicherung an der Nordmauer, nur für Geübte).

Kanzelwandhaus, 1.520 m (B 7), Naturfreunde-Ferienheim, unterhalb der Fellhornbahn-Bergstation über dem Warmatsgundtal, Post: D-87561 Oberstdorf, Selbstversorgerhütte. Zugang: von Faistenoy, 2 Std.; Straße bis 1 1/2 Std. vor die Hütte. Übergänge: zum Gh. Adlerhorst, über den Gundsattel, 1 Std. (leicht); zur Fellhorn-Gipfelstation über den Gundsattel, 2 Std. (mittel); zur Fiderepaßhütte, durch das Warmatsgundtal, 2 1/2 Std. (mittel); zur Bierenwangalpe, 1/2 Std. (leicht). Gipfel: Fellhorn, 2.038 m, über die Bierenwangalpe, 1 1/4 Std. (mittel); Kanzelwand (Warmatsgundkopf), 2.058 m, 2 Std. (mittel); Söllerkopf, 1.958 m, 1 1/2 Std. (leicht).

Kaufbeurer Haus, 2.007 m (D 7), Alpenverein, Post: A-6600 Reutte, im Sommer an den Wochenenden beaufsichtigt, Selbstversorgerhütte. Zugang: von Hinterhornbach, 2 3/4 Std. Übergang: zur Hermann-von-Barth-Hütte über die Schwärzerscharte, 2.433 m, 5 Std. (mittel, Vorsicht bei Schnee an der Griesscharte!). Gipfel: Bretterspitze, 2.608 m, über die Schwärzerscharte, 1 1/2 Std. (mittel).

Kemptner Hütte, 1.844 m (C 7), Alpenverein, nördlich vom Mädelejoch, Post: D-87561 Oberstdorf, im Sommer bewirtschaftet. Zugänge: von Oberstdorf durch das Trettachtal, 5 Std.; von Holzgau, über das Obere Mädelejoch, 1.974 m, 3 Std.; von der Spielmannsau (bis dorthin von Oberstdorf mit dem Stellwagen), 3 Std. Übergänge: zum Edmund-Probst-Haus, 8 Std. (Ausdauer erforderlich); zum Prinz-Luitpold-Haus, 7 Std. (mittel); zum Waltenberger Haus, 3 Std.; zur Hermann-von-Barth-Hütte, 4 Std. (mittel). Gipfel: Muttlerkopf, 2.366 m, über das Östliche Mädelejoch, 1 1/2 Std. (mittel, lohnend); Kratzer, 2.424 m, 3 Std. (Klettertour, II, nur für Geübte); Öfnerspitze, 2.576 m, und Krottenspitzen, 2.552 m, über den Muttlerkopf, 4 Std. (Gratkletterei nur für Geübte, II); Großer Krottenkopf, 2.657 m, über die Krottenkopfscharte, 3 Std. (höchster Berg der Allgäuer Alpen, aussichtsreich, nur für Geübte); Fürschießer, 2.271 m, über den Fürschießersattel (mittel), der Abstieg über den Krummenstein, 2.088 m, ist nur für Geübte möglich, eine Stelle II.; Mädelekopf, 1.910 m, 20 Min. (leicht); Mädelegabel, 2.645 m, 3 1/4 Std. (nur für Geübte).

Kemptener Naturfreundehaus, 1.450 m (B 3), Naturfreunde, Post: D-87509 Immenstadt, ganzjährig bewirtschaftet. Zugänge: von Immenstadt über die Seifenmoosalpe. $2\frac{1}{2}$ Std.; von Bühl, $2\frac{1}{2}$ Std. Übergänge: zur Mittelbergalpe, $\frac{1}{2}$ Std.; nach Almagmach, $\frac{3}{4}$ Std. Gipfel: Stuiben, 1.749 m, $1\frac{1}{2}$ Std. (leicht).

Kemptner Skihütte, 1.362 m (B 4), siehe Hörnerhaus.

Mindelheimer Hütte, 2.013 m (B 8), Alpenverein, zwischen dem Rappenalpental und dem Wildental, Post: D-87561 Oberstdorf, im Sommer bewirtschaftet. Zugänge: von Einödsbach, $4\frac{1}{2}$ Std.; von Mittelberg, 4 Std. (nur für Geübte); über den Höhenweg von der Kanzelwandbahn, $3\frac{1}{2}$ Std. Übergänge: zur Fiderepaßhütte, 3 Std.; zur Rappenseehütte, Abstieg ins Rappenalpental und Gegenanstieg, $4\frac{1}{2}$ Std. oder über den prächtigen Höhenweg über den Schrofenpaß und Mutzentobel, $5\frac{1}{2}$ Std.; zur Oberen Widdersteinalpe, über die Gemsteltalalpe, $2\frac{1}{2}$ Std. Gipfel: Geißhorn, 2.366 m, 2 Std. (lohnend, vielseitige Flora, mittel); Mindelheimer Klettersteig zur Fiderepaßhütte, $4\frac{1}{2}$ Std. (nur für Geübte, II–III).

Mittelbergalpe, 1.368 m (B 3), Naturfreunde, Post: D-87509 Immenstadt, an Wochenenden bewirtschaftet. Zugang: von Immenstadt über die Seifenmoosalpe, $2\frac{1}{2}$ Std. Übergänge: zum Kemptener Naturfreundehaus, $\frac{1}{2}$ Std.; nach Almagmach, 20 Min. Gipfel: Stuiben, 1.749 m, 1 Std. (leicht).

Obere Widdersteinalpe, 2.010 m (B 8), privat, südlich des Widdersteins, Post: A-6888 Schröcken, im Sommer bewirtschaft. Zugänge: von Hochkrumbach, 2 Std. (mittel); von Mittelberg über die Gemsteltalalpe, $2\frac{1}{2}$ Std. Übergänge: zur Mindelheimer Hütte, $2\frac{1}{2}$ Std.; zur Bärgunthütte, im Bärgunttal, $1\frac{1}{2}$ Std. (leicht). Gipfel: Großer Widderstein, 2.533 m, $1\frac{1}{2}$ Std. (mit sehr lohnender Aussicht, mittel, Trittsicherheit erforderlich.)

Otto-Schwegler-Hütte (vormals Ostertalhütte), 1.070 m (B 4), Alpenverein, Post: D-87544 Gunzesried, ganzjährig geöffnet, Selbstversorgerhütte. Zugang: mit Kfz bis wenige Min. unter die Hütte. Übergänge: zum Allgäuer Berghof, 1 Std.; zum Hörnerhaus über das Sigiswanger Horn und den Weiherkopf, 1.665 m, $3\frac{1}{4}$ Std. Gipfel: Ofterschwanger Horn, 1.406 m, $1\frac{1}{4}$ Std: (leicht).

Oytalhaus, 1.010 m (C 6), privat, im Oytal bei Oberstdorf, Post: D-87561 Oberstdorf, im Sommer bewirtschaftet. Zugang: von Oberstdorf, $1\frac{1}{2}$ Std. Übergänge: zum Edmund-Probst-Haus über den Seealpsee, 3 Std.; nach Hinterhornbach über das Hornbachjoch, 6 Std. (mittel); zum Prinz-Luitpold-Haus, 5 Std. (mittel). Gipfel: Höfats, 2.258 m, 4 Std. (nur für Geübte, II, Klettertour); Hahnenkopf, 1.736 m, 2 Std. (leicht).

Prinz-Luitpold-Haus, 1.846 m (D 6), Alpenverein, Post: D-87541 Hinterstein, im Sommer bewirtschaftet. Zugänge: mit dem Kleinbus, oder zu Fuß in $2\frac{1}{2}$ Std. durch das Bärgündeletal, $2\frac{1}{2}$ Std.; von Hinterhornbach über den Fuchsensattel, 2.053 m, und die Balkenscharte, 2.156 m, $4\frac{1}{2}$ Std. Übergänge: zur Willersalpe (Jubiläumsweg) über die Bockkarscharte, 2.164 m, die Lehnerkopfscharte, 1.988 m, die Hintere und Vordere Schafwanne, 7 Std.; zur Kemptner Hütte über den Himmelecksattel, 2.007 m, über Rauheck und Kreuzeck, 2.384 m bzw. 2.375 m durch das Kar »Im Märzle« und über den Fürschießersattel, 2.207 m, 7 Std. (mittel, Schneefelder »Im Märzle«); zum Edmund-Probst-Haus (Laufbacheckweg) über das Laufbachereck, 2.179 m, $4\frac{1}{2}$ Std. (mittel); zum Oytalhaus über den Himmelecksattel, 2.007 m, und die Käseralpe, 4 Std.; zur Landsberger Hütte (östlich außerhalb des Kartenrandes), 5 Std., auf dem Weg zur Willersalpe bis zur Lehnerkopfscharte, dort nach rechts auf dem Saalfelder Höhenweg zur Hütte. Gipfel: Hochvogel, 2.593 m, $2\frac{1}{2}$ Std. (nur für Geübte, Firnfeld im »Kalten Winkel«).

Rappenseehütte, 2.091 m (C 8), Alpenverein, im Rappental an den Rappenseen, Post: D-87561 Oberstdorf, im Sommer bewirtschaftet. Zugänge: von Oberstdorf, 6 Std.; von Einödsbach, 3 Std.; von Lechleiten, 3 Std. (alle Zugänge mittel). Übergänge: zur Mindelheimer Hütte über den Schrofenpaß, $5\frac{1}{2}$ Std. (prächtiger Höhenweg! mittel); zum Waltenberger Haus, 4 Std. (nur für Geübte); zur Kemptner Hütte, 6 Std. (nur für Geübte). Gipfel: Hohes Licht, 2.651 m, über die Große Steinscharte, 2 Std. (zweithöchster Gipfel der Allgäuer Alpen, eindrucksvolle Aussicht, mittel); Linkerskopf, 2.455 m, 2 Std. (Klettertour, II, nur für Geübte); Rappenseekopf, 2.467 m, Hochrappenkopf, 2.423 m, jeweils 1 Std. über den dazwischen liegenden Sattel (mittel). Spazierwege um die Hütte, zum Großen Rappensee (von der Hütte nicht sichtbar), $\frac{1}{4}$ Std.; auf den Mußkopf, 1.969 m, $\frac{1}{2}$ Std.; auf den Seebichl, 2.111 m, $\frac{1}{2}$ Std. (leicht).

Schwaben, Berghaus, 1.500 m (B 4), Schwäbischer Skiverband, Post: D-87538 Fischen, ganzjährig bewirtschaftet. Zugang: von der Bergstation der Bolsterlanger Hörnerbahn, $\frac{3}{4}$ Std. Übergänge: zur Kemptner Skihütte, 35 Min.; zur Grasgehrenhütte, 1 $\frac{3}{4}$ Std. Gipfel: Riedberghorn, 1.786 m, 1 Std. (leicht).

Schwarzenberghütte, 1.380 m (D 5), Alpenverein, Post: D-87541 Hinterstein, ganzjährig bewirtschaftet, außer November. Zugang: vom Giebelhaus, 1 Std.; alles weitere siehe dort.

Schwarzwasserhütte, 1.651 m (A 7), Alpenverein, im hintersten Schwarzwassertal, Post: A-6993 Mittelberg, im Winter und Sommer bewirtschaftet, im Winter hervorragender Ausgangspunkt für Schitouren. Zugänge: von Hirschegg, $3\frac{1}{2}$ Std.; von Riezlern, 3 Std.; von Oberstdorf, 5 Std.; von Schoppernau über das Starzeljoch, 1.867 m, $3\frac{1}{2}$ Std.; von Schönenbachvorsäß über den Gerachsattel, 1.752 m, $3\frac{1}{2}$ Std. Übergänge: zur Auenhütte, $1\frac{1}{2}$ Std.; zur Ifenhütte, über den Eugen-Köhler-Weg, 2 Std. Gipfel: Diedamskopf, 2.090 m, $1\frac{1}{2}$ Std. (leicht); Steinmannl, 1.981 m, 1 Std. (leicht); Grünhorn, 2.039 m, $1\frac{1}{2}$ Std. (leicht); Ochsenhofer Köpfe, 1.950 m, 2 Std. (mittel); Gratwanderung zum Walmendinger Horn, 1.993 m, $3\frac{1}{2}$ Std. (lohnend, mittel, der Grataufschwung zum Walmendinger Horn wird südlich zur Bergstation umgangen); Hoher Ifen, 2.230 m, 2 Std. (mittel).

Staufnerhaus, 1.600 m (A 4), Alpenverein, Post: D-87534 Oberstaufen, im Winter und Sommer bewirtschaftet. Zugänge: von der Eibelealpe mit der Seilbahn oder zu Fuß, 2 Std.; vom Paß Scheidewang, $1\frac{1}{2}$ Std. Übergänge: nach Hittisau über den Seelekopf, den Hohenfluhalpkopf, den Einegundkopf und den Hochhäderich, von dort Abstieg über die Gehren- und Gschwendalpe, 5 Std.; nach Immenstadt über das Rindalphorn, den Gündleskopf, den Buralpkopf und den Sederer, von dort Abstieg den Stuiben nördlich umgehend über die Gundalpe, die Mittelbergalpe und Almagmach, 6–7 Std.; zur Falkenhütte über Seelekopf, Hohenfluhalpkopf und Einegundkopf, $1\frac{1}{2}$ Std. Gipfel: Hochgrat, 1.833 m, $\frac{1}{2}$ Std. (leicht)

Waltenberger Haus, 2.084 m (C 8), Alpenverein, im Bockkar, Post: D-87561 Oberstdorf, im Sommer bewirtschaftet. Zugänge: von Einödsbach 3 Std.; von Oberstdorf, $3\frac{1}{2}$ Std. Übergänge: zur Rappenseehütte, 4 Std. (mittel); zur Kemptner Hütte, 3 Std. (mittel). Gipfel: Bockkarkopf, 2.608 m, über den Heilbronner Weg, $1\frac{1}{2}$ Std. (nur für Geübte); Hohes Licht, 2.651 m, 5 Std. (mittel); Mädelegabel, 2.645 m, $2\frac{1}{2}$ Std. (sehr lohnend, großartiges Gebirgspanorama, mittel); Kratzer, 2.424 m, 3 Std. (mittel).

Wannenkopfhütte, 1.380 m (B 5), unter dem Wannenkopf, Post: D-87538 Obermaiselstein, ganzjährig bewirtschaftet. Zugänge: von Obermaiselstein, 1 Std.; von der Grasgehrenhütte über die Lenzenberghütte, $\frac{1}{2}$ Std. Übergang: zum Hörnerhaus, 4 Std. Gipfel: Riedberghorn, 1.786 m, 2 Std. (im Winter empfehlenswertes Schitourengebiet!).

Willersalpe, 1.456 m (D 4), privat, Post: D-87541 Hinterstein, im Sommer bewirtschaftet. Zugang: von Hinterstein, $1\frac{1}{2}$ Std. Übergänge: zum Prinz-Luitpold-Haus (Jubiläumsweg), 7 Std.; nach Oberjoch über den Bschießer, 2.000 m, und den Iselerberg, $6\frac{1}{2}$ Std. Gipfel: Ponten, 2.045 m, $1\frac{3}{4}$ Std. (mittel); Gaißhorn, 2.249 m, 2 Std. (mittel).

Orte · Hütten · Berge

Telefon- und Faxnummern der Tourismusverbände bzw. Gemeindeämter:

	Telefon	Fax
Baad	0 83 66/4 24	0 83 66/14 27
Balderschwang	0 83 28/10 56 und 10 23	0 83 28/2 65
Blaichach	0 83 21/80 08 36	0 83 21/80 08 50
Bolsterlang	0 83 26/83 14	0 83 26/94 06
Bühl am Alpsee	0 83 23/8 04 83	0 83 23/78 46
Burgberg im Allgäu	0 83 21/8 48 10	0 83 21/8 97 84
Fischen im Allgäu	0 83 26/18 15	0 83 26/90 66
Gunzesried	0 83 21/80 08 36	0 83 21/80 08 50
Hindelang	0 83 24/8 92-0	0 83 24/80 55
Hirschegg	0 83 66/4 24	0 83 66/14 27
Immenstadt im Allgäu	0 83 23/8 04 81	0 83 23/78 46
Missen-Wilhams	0 83 20/4 56	0 83 20/2 68
Mittelberg	0 83 66/4 24	0 83 66/14 27
	0 55 17/51 14-0 und 51 11 (Österreich)	
Obermaiselstein	0 83 26/2 77	0 83 26/94 08
Oberstaufen	0 83 86/20 24	0 83 86/10 88
Oberstdorf	0 83 22/7 00-0	0 83 22/70 02 36
Ofterschwang	0 83 21/8 90 19 und 8 21 57	0 83 21/8 97 77
Rettenberg	0 83 27/12 09	08327/7159
Riezlern	0 83 66/4 24	0 83 66/14 27
Schöllang	0 83 22/71 97	0 83 22/70 02 36
Sonthofen	0 83 21/7 62 91 und 7 62 92	0 83 21/7 63 27
Stein im Allgäu	0 83 23/8 04 81	0 83 23/78 46
Tiefenbach bei Oberstdorf	0 83 22/7 00-2 50	0 83 22/70 0-2 36
Untermaiselstein	0 83 27/12 09	0 83 27/71 59
Wertach	0 83 65/2 66	0 83 65/15 38

Telefonnummern der wichtigsten Alpengasthöfe und Unterkunftshütten:

Edmund-Probst-Haus 0 83 22/47 95
Hermann-von-Barth-Hütte 0 56 34/66 71 und 62 12*
Kanzelwandhaus 0 83 22/33 46
Kemptner Hütte 0 83 22/6 36 08
Mindelheimer Hütte 0 83 30/12 63
Obere Widdersteinalpe 0 55 19/2 82*
Otto-Schwegler-Hütte 0 83 21/25 09
Prinz-Luitpold-Haus 0 83 24/27 63
Rappenseehütte 07 11/7 07 99 38
Schwarzwasserhütte 0 83 77/13 89 und 06 63/5 26 42*
Staufnerhaus 0 83 86/82 55 und 0 83 74/12 16
Waltenberger Haus 0 83 79/74 86

Die mit * gekennzeichneten Hütten liegen in Österreich!

Alle Angaben ohne Gewähr!